JN437009

그녀의
눈빛

그녀의
눈빛

이효순 수필집

| PROLOGUE |

코로나19로 사회적 거리 두기가 다시 시작됩니다.
원고 준비가 덜된 상태에서
네 번째 수필집을 내며
마음도 분주했습니다.

한정된 공간에 단순한 생활이
삶을 권태롭게 하고
무기력해진 마음이
때론 힘겨웠습니다.
어렵게 작품을 정리하며
미흡한 부분이 많음을 느낍니다.
그때마다 처음처럼 할 수 있다는

각오로 임했습니다.

옆에서 힘들어할 때

격려해준 남편과 가족들

가끔 전화해 주던 친구들,

원고 정리로 수고하신

유인실 교수님께 감사함을 전합니다.

2020년 백학선이 하얗게 핀 여름 저녁 무렵

이효순

| CONTENTS |

2부

여름 향기

3부

그녀의 눈빛

4부

칸쿤 밤하늘에 뜬 별

1부

어머니의 보물

여름 소나기 | 명미월 | 초록을 품은 언덕 | 하늘빛 원피스
주인을 기다리는 자전거 | 어머니의 보물 | 대야 | 패랭이꽃
은사님의 선물 | 군고구마

여름 소나기

후두 후드득 소나기가 분홍 플록스에 떨어진다. 주황색 마당의 벽돌에도 물방울 자욱이 점점 진하게 퍼진다. 더위를 잠시 몰고 가는 비가 내리기 시작한다. 언제 그치려는지 모르지만 여름 비는 갑자기 왔다가 금세 지나간다. 활짝 핀 플록스가 비에 젖는다. 플록스의 고운 분홍빛 얼굴이 소나기에 일그러진다. 아주 오래전

내 모습 같다.

여름 소나기가 내리면 잊히지 않는 일이 있다. 그것은 내 중학교 소녀 시절의 등굣길이다. 우리 집에서 야산 가운데로 난 시골의 작은 길을 걸으면 학교까지 한 시간이 넘게 걸렸다. 아침을 일찍 먹고 산남동 집을 나서 사직동에 있는 학교까지 부지런히 걸어야 수업 시간 10분 전이거나 아주 빠듯한 시간에 겨우 도착했다. 얼마나 땀이 나는지 여름이면 손수건을 몇 번씩 짜며 다녔다. 무거운 책가방과 먼 등굣길, 지금처럼 메고 다니는 가방도 없었고 오로지 손으로 무거운 가방과 도시락을 들고 다녔다.

방학을 앞둔 7월의 어느 날이다. 학교가 끝나 집으로 혼자 돌아오는 길에서 여름 소나기가 만났다. 마을을 지난 것도 멀어졌고 따비밭과 다락논, 그리고 야산뿐, 비를 피할 곳은 하나도 없었다. 하는 수 없이 비를 맞으며 빠른 걸음으로 성황당 고개 근처까지 부지런히 걸어왔다. 하얀 교복에서는 빗물이 뚝뚝 떨어졌다. 생머리도 짝 달라붙은 것이 물에 젖은 생쥐꼴이었으리라. 고개를 넘어가기 전까지 다다랐을 때 굽은 신작로를 아버지께서 우산을 들고 빠른 걸음으로 오고 계셨다.

"아버지 오시네."

"비 다 맞았구나. 우리 딸내미 내가 좀 일찍 왔으면 비를 덜 맞았을 텐데."

비를 함초롬히 맞은 딸을 보니 아버지는 미안하셨나 보다.

"밭에 다녀오느라 좀 늦었어. 갑자기 소나기가 내려서. 가방 이리 줘."

아버지는 무거운 내 책가방을 받아 들고 가져온 종이우산을 펴서 건네주셨다. 성황당을 넘어오자 우리 동네가 보였다. 고개를 지나 황토산까지 왔을 때 남쪽 하늘에 해가 보이기 시작했다. 그렇게 세차게 내리던 소나기가 그친 것이다.

나는 그때나 지금이나 별로 말이 없다. 그날도 묵묵히 아버지 뒤를 따라 귀가했다. 아버지는 사 남매를 두셨는데 내 아래 남동생을 초등학교 삼 학년 다닐 때 잃고, 나와 남동생, 여동생 삼 남매를 키우셨다. 그중 맏딸인 내게 유난히 관심이 많으셨다. 심지어 남동생은 '우리 집에 아들 하나인데 아버지는 누나만 좋아한다.'고

불평을 하기도 했다. 하긴 초등학교 다닐 때부터 성적도 좋고 상장도 많이 받았으니 아버지로서는 자연스럽게 그렇게 되지 않았나 싶다.

내가 교직에 처음 발령을 받았을 때도 아버지와 어머니께서는 부임하는 학교까지 동행하셨다. 다음날 교장선생님께 정중히 인사를 드리고 딸을 부탁하고 가셨다. 발령자들 중에 부모님을 동행한 사람은 나뿐이었다. 스무 살도 넘은 처녀가 부끄러움도 없이 당연하다고 생각했다. 그렇게 염려스러웠었나 보다. 어린 딸이 자라 초등학교 교사가 된 것이. 부모님이 집으로 가신 후 나는 해만 넘어가면 퇴근하여 혼자 자취방에서 울었다. 어미 떼어낸 강아지처럼 그렇게 말이다. 전화도 없으니 호롱불 아래서 일주일에 한 통씩 부모님께 편지를 쓰며 산골에서의 외로움을 해소했다. 당시에는 그것만이 유일한 소통의 방법이었다.

70이 넘은 지금도 여름비가 내리면 딱 한 번 우산 들고 마중 나오신 아버지 생각이 잊히질 않는다. 카메라에 찍힌 사진같이 생생하다. 때로는 여름 산 뒤로 피는 뭉게구름처럼 마음에 아련히 피어오른다. 그럴 때면 아린 서글픔에 눈시울이 젖는다. 지금은 계시지 않는 아버지. 쌍둥이 낳았을 때 그렇게 좋아하셨는데…. 막 울고 싶어진다. 아버지를 부르며 울고 싶다.

어머니가 어릴 때 자라던 미원 마을의 뒷산에 어머니와 합장하여 함께 계시는 아버지. 왜 시간이 가고 세월이 흘러도 그 종이우산 들고 오셨던 그때, 그 일이 잊히지 않는 것일까. 그때로 돌아갈 수 있다면 얼마나 좋을까. 좀 더 상냥한 딸이 되어 아버지께 살갑게 대해 드릴 수도 있었을 텐데. 나도 자식들 미국으로 보내고 보니 얼마나 철없던 딸이었는지…. 참 무지했다. 비는 아직도 내리고 있다.

명미월

현관 계단 입구 둥근 주목이 푸르름을 한 아름 안고 있다. 그 앞 분재분에서 왜철쭉이 하나 둘 피어난다. 밖에서 집안을 드나들 때마다 다정한 눈맞춤을 한다. 흰색에 가까운 연한 분홍색이다. 2년 전에 수곡동에서 우리 집으로 자리를 옮겨온 명미월이다. 그 꽃의 얼굴이 맑은 메꽃처럼 환하다. 야단스럽지 않은 아기 볼처럼 고운 빛으로 피었다.

그 꽃은 초등학교 4학년 때 담임 선생님께서 2년 전에 선생님 댁에 들렀을 때 주신 선물이다. 지난가을에 분갈이도 해주고 소독약도 뿌려주어 기운을 차리고 건강하게 자란다.

며칠 전에 담임 선생님 내외분께서 지난해 등록하고 다니시는 교회 지인을 만났다. 선생님 안부를 여쭈니까 두 내외분이 주간보호센터에 나가신다는 말씀을 하신다. 매일 센터의 승용차가 집 앞에 도착해서 두 내외분을 모셔간다고 한다. 2년 전 스승의 날 뵈었을 때도 선생님은 내게 아이들이 몇이냐, 다 결혼은 했느냐, 결혼하면 연락하라고 연거푸 세 번이나 거듭 말씀하셨다. 사모님께서는 그때 선생님이 약간 치매기가 있다고 넌지시 말씀해 주셨다. 그때만 해도 건강하셨는데, 그리고 지난여름에 식당에서 뵈었을 때도 괜찮으신 것 같았는데…. 사모님은 더 심하다는 소식을 전한다. 의외다. 들리는 말로는 서울에서 아들 내외가 내려와서 함께 사신다고 한다.

선생님 댁엔 아주 오래된 단감나무가 있어서 양옥집에 그늘을 드리우고 있었다. 선생님 댁에 갔을 때 거실에서 조그조근 말씀을 하시며 가을에 감이 익으면 놀러 오라고 말씀하셨다. 그리고 옥상으로 사모님과 함께 오르시더니 선생님께서 정성 들여 기르시는 사스끼를 보여 주셨다. 손길이 못 미쳐서 잎에 응애가 전염되어 있었다. 마치 황달에 걸린 아픈 사람의 얼굴 같았다. 오래전부터 기르시던 꽃인데 지금은 다른 분들에게 많이 분양하고 남은 것이라고 말씀하신다. 내게도 선물로 분재분 두 개를 골라 주셨다. 더 가져가라고, 선생님은 한 분이라도 더 들려 보내고 싶은 마음이 역력했다. 내가 기껏 가져와야 양손에 한 개씩 두 개만 가져간다고 말씀드렸다. 옥상 화분이 놓인 곳도 선생님의 손길이 못 미쳐 낡은 시설이 눈에 보여 안타까움도 더했다.

옥상에서 내려와 그 두 분을 뒤로하고 대문을 나섰다. 인사를 드렸더니 친정 부모님이 딸을 배웅하듯 그렇게 정겨운 마음으로 사모님과 선생님 두 분이 택시 타는 곳까지 나오셔서 배웅해 주신다. 돌아가신 친정 부모님 생각에 눈물이 핑 돌았다.

2년 전, 선생님 댁에 가게 된 동기는 참 오랜만이었다. 문학기행 갈 때 버스 안에서 선생님을 뵈었다. 우리 회원 중에서 개설한 일인 일책 수강생으로 함께 오신 것이다. 참 오랜만의 해후였다. 그리고 귀가해서 바로 선생님께 세 번째 출간한 내 수필집을 보내드렸다. 그리고 한 해 지난 스승의 날 이틀 전에 내게 전화를 하셨다. 수필집을 댁으로 보내드렸는데 아마 생각이 나신 것 같다.

얼른 정관장에 들러서 홍삼 무가당 캔디와 제과점에 가서 케이크와 카네이션을 가지고 수곡동으로 출발했다. 선생님은 내가 다녔던 평생교육원 근처에 사신다고 하시며 버스 정류장까지 마중 나오셨다.

선생님은 초등학교 3학년, 4학년 연거푸 2년간 담임을 하셨다. 그리고 방과 후 6학년 때까지 3년 동안 미술지도를 해 주신 분이다. 지금도 잊히지 않는 것이 있다. 4학년 때 어린이회를 진행하라고 학년 초에 말씀하셨는데 수줍은 나머지 부끄러운 마음이 들어 안 한다고 세 시간을 바보처럼 울었다. 얼마나 답답하셨을까? 그러나 나무라지 않으시고 내 마음을 수용하셨던 선생님. 또 여름이면 선생님이 사시는 연꽃마을에서 분홍색 연꽃을 꺾어 자전거 뒤에 싣고 오셨다. 출입구에서 날 부르시면 연꽃을 받아 교실에 있는 꽃병에 꽂았던 일도 생각난다. 지금 생각하면 예술을 사랑하는 선생님이셨다. 음악시간도 한 번도 빼놓지 않으시고 의식 노래도 하나도 빠짐없이 가르쳐 주셔서 지금도 〈유엔의 노래〉까지 생생하게 기억난다.

선생님께서 기억이 희미해지시다니 안타까움만 더하다. 내가 할 수 있는 것은 아무것도 없다. 두 분이 지금처럼 함께 지내다 가셨으면 하는 것이 내 바라는 마음이다.

주목 그늘 앞에서 피어나는 사스끼 명미월의 고결한 모습. 평생 교직에 몸담고 제자들을 길러내신 선생님. 그 선생님의 가르침을 받고 그도 선생님처럼 자신을 선하게 가꾸며 사는 것이 선생님 제자로서의 도리가 아닐까. 오월이 마지막 가는 날 명미월은 분재분에서 만개했다. 환히 웃으시는 선생님 모습 같다. 내일은 초여름이 시작되는 유월이다.

초록을 품은 언덕

청주야구장 밖의 비스듬한 언덕은 초록으로 가득하다. 서로 다른 종류의 풀들이 모두 초록이다. 두어 달 전엔 가뭄에 누렇게 변하는 언덕이 내 마음을 아리게 했었다. 그대로 그 풀들이 죽으면 애처로워 어찌하나 염려되었다. 그런 모습이었는데 자주 내리는 비로 초록빛의 넉넉한 언덕이 되었다. 산책을 다녀오는 내 발길도 그 모습을 보며 경쾌하다. 문득 지난 8월에 가신 어머니 생각이 간절하다.

어머니께서는 여름에 오셔서 90년을 사시다 여름에 가셨다. 오늘이 어머니 가신 후 처음 맞는 기일이다. 음식을 간소하게 준비해 막내와 우리 내외 셋이 예배를 드렸다. 쌍둥이가 미국에 있어서 함께하지 못한 것이 못내 아쉬웠다.

예배가 끝난 후 둘째에게 카톡 사진이 도착했다. 어머니와 손녀딸, 아들 내외가 설 때 찍은 사진이다. 소박하게 웃으시는 어머니의 얼굴에 검버섯이 여기저기 풍성하게 피었다. 사진 속 어머니는 아직도 선한 모습이지만 방엔 계시지 않고 사진 속에서만 우리를 바라보신다. 내가 회갑 때 사드린 옥색 모시옷을 정갈하게 입으시고.

야구장 밖에 서서 언덕을 자세히 바라본다. 눈에 익은 풀들이 빼곡하게 자리 잡고 있다. 민들레, 제비꽃, 잔디, 꿩의밥, 질경이, 방동사니, 창질경, 이름 모를 풀들까지 수십 종류다. 이 언덕 가장자리는 쥐똥나무와 개나리가 울타리가 되어 그들을 품는다. 마치

어미가 자식들을 품듯이.

그 용광로 같은 더위에도 간간이 내리는 비로 언덕은 그 어느 해보다 푸르고 싱그럽다. 작은 여름 바람이 일렁이면 부드러운 곡선의 초록 물결을 이룬다. 비단 폭 같다. 자연이 연출하는 고결한 장관이다. 초록 속에서 신의 무한한 능력을 생각하며 눈 안으로 달려드는 여름의 초록, 눈도 잠시 쉬어가며 동화된다.

그 부드러운 초록의 물결에서 어머니의 모습을 본다. 그리고 울컥 심장에 밀려드는 알 수 없는 뜨거움을 감지한다. 친정어머니보다 더 많은 시간들을 40년이나 함께 살았으니 어머니의 기억이 내겐 더 많이 남아있다.

직장생활할 때, 어머니는 날마다 새벽예배를 가셔서, 멀리 통근을 해야 하는 나는 때로는 그런 어머니가 야속했다. 어머니는 출근하는 며느리가 안쓰럽지도 않으신지. 아침 준비와 나와 남편, 세 아이들 도시락 싸는 일이 내겐 버거웠다. 어느 직원은 시어머니가 도시락까지 싸주신다는데, 속으로는 많이 서운했다. 환경에 적응하기 마련인지 다행히 내겐 아침잠이 없었다. 다행이었다. 그런 시간들도 이젠 흘러가버린 물거품처럼 초연히 바라볼 수 있게 되었다. 지금 노후를 이렇게 평안히 사는 것도 새벽마다 기도하신 어머니의 은혜가 아닌가 싶다.

이제 나도 직장을 은퇴하고 묵묵히 먼 고향을 향해 남은 시간에 서서히 적응하며 산다. 별수 없이 나도 그 초록의 언덕 속에 작은 풀이다. 그렇게 시간 속에 살아온 나 자신이다. 자식들 훌훌히 떠나고 남편과 함께 사는 시간들이 호젓하지만은 않다. 그래도 아이들과 어울려 살던 분주했던 시간들이 힘겨웠지만 그리워 온다.

서서히 나이 듦에 대한 시간들이 곁으로 다가온다. 사람 모두는 그렇게 그 과정을 통해 소멸되고 또한 젊은이들을 통해 생성되는 것이 아닌가.

초록의 언덕 속에서 걱정 없이 살았던 어린 시절이 아득하게 보이는 것은 어인 일인가. 그때에 비하면 가정생활도 풍족해지고 안정된 가운데 살고 있는데. 지나간 것은 그리워진다는 선조들의 그 말들은 삶의 철학에서 나온 생각들이 아니던가. 가지고 싶은 것들 가질 수 있고 채워졌는데 마음 한곳 허전함은 어찌된 일인가.

나도 초록과 함께 지낸다. 이제 조금씩 원예활동을 줄여야 하는데 아직도 미련을 버리지 못하는 것을 보면 욕심이 남은 것 같다. 씨 뿌려 꽃을 피우고 열매를 맺는 모습을 보는 것은 내겐 즐거움이다. 늘 반복되는 일이지만 지루하지 않고 새롭다.

두 내외만 남아있는 낡은 집에 미련이 남아 이사 갈 생각은 한 번도 하지 않았다. 오늘도 초록 속에 내 삶을 들여놓고 하루하루를 천천히 그리고 자유롭게 보낸다. 아직도 초록을 품은 언덕이 되기엔 난 모자람이 많다.

하늘빛 원피스

지난해 마련한 하늘빛 원피스를 입고 주일 예배에 참석했다. 파란 가을 하늘을 닮은 호랑가시 잎 무늬가 줄지어 있는 옷이다. 마련해 놓고 너무 고와 용기가 없어 입지 못했다. 그동안 옷장 옷걸이에서 숨죽이다 오늘 나의 호출을 받은 셈이다. 보는 이들의 눈을 자극하는지 몇 사람이 곱다는 말을 연신한다. 원피스는 40

년 전, 결혼 때 남편 고모님께서 마련해 주신 함 속에 있던 선물이다. 그 옷을 본다. 얼굴이 유난히 검고 겨울나무처럼 뼈만 앙상하던 고모님의 모습이 아직도 눈에 선하다.

그 옷감은 가을 하늘 같은 천에 수를 놓은 것으로 보기에도 좋아 보였다. 1970년대 중반 결혼 풍속도는 남자가 결혼하기 전에 신붓집에 올 때 함을 메고 왔다. 그때 선물로 양장, 한복을 해 입을 수 있게 주로 옷감을 혼수로 받았다. 지금도 기억나는 것은 보내온 옷감이 모두 내 마음에 들었다. 고모님께서는 얼마나 눈이 높은지 결혼 선물을 옷감으로 다섯 종류를 함 속에 마련해 주셨다. 연두색 두루마기 한복감, 연한 핑크색 한복감, 겨울 코트감, 겨울 투피스감, 그리고 파란 물빛 여름 망사 천 등 모두 고급이었다.

결혼 후에도 직장생활을 계속했기에 코트와 투피스는 양장점에 가서 옷을 지어 입었다. 연두색 한복감도 바로 한복집에 부탁해 명절 때 해 입었다. 다만 농 서랍에서 정리할 때마다 이곳저곳으로 옮겨 다니던 망사 천, 그것이 40년이나 된 셈이다. 하늘빛 호랑가시 잎과 열매가 연속적으로 나열된 천인데 여름에 입을 수 있는 감이었다.

20년 전, 그 옷감을 가지고 단골 양장점에 갔다. 디자이너는 본인은 지을 수 없다고 한마디로 자른다. 바느질이 까다롭다고 했다. 그 이후 장롱 서랍에서 잠자고 있었다. 헛일 삼아 지난해 수선을 잘하는 지인에게 말해 봤다. 가져와 보라는 것이다. 옷감을 본 그는 이렇게 좋은 감을 왜 지금까지 그대로 두었느냐며 자신이 만들어 준다고 한다. 그렇게 곡절이 많은 옷이다.

완성된 그 원피스를 보며 10여 년 전에 가신 고모님을 생각한다. 자식도 없이 두 부부가 살다 이혼하고 작은고모와 함께 사셨던 분이다. 인간적으로 보면 참 가련했다. 우리 집이 좀 넉넉하면 함께 지내면 어떨까 하는 생각도 잠시 들었었다. 얼마나 깔끔하신지 어머니 생신 때 서울에서 청주에 내려오시면 오시는 날부터 방 정리 청소 등을 연약한 몸으로 하시느라 여념이 없으셨다. 처음엔 부담스럽게 느꼈지만 몇 년을 지나다 보니까 익숙해져서 나름대로 적응하게 되었다. 가끔씩 오시면 담배를 계속 태우셔서 처음엔 견디기가 어려웠다. 서울에서 청주 내려오실 때마다 그렇게 몇 년 하시더니 어느 날부터 교회도 함께 가시고 담배도 끊으셨다. 그리고 나와 어머니와의 관계가 어색할 땐 중재 역할도 잘해 주셨다.

내가 그 나이 되고 보니 얼마나 고독한 삶을 사셨는지 이제야 이해가 간다. 고단한 삶을 잊기 위해 커피와 몸에 해로운 것들을 즐기시던 분, 어머니도 고모님도 모두 고인이 되고 그분의 손길이 스민 선물로 옷을 지어 입고 나니 더 새록새록 생각난다.

고모님은 결혼할 때 유난히 까다롭게 하시던 분이다. 지금도 잊히지 않는 것은 돌아가신 아버님 한복과 두루마기를 하얀 것으로 해오라는 분부셨다. 그 이유는 새로 식구가 들어왔으니 돌아가신 분이지만 예를 갖추는 것이었던 것은 아닐까? 어머니께서는 고모님이 하시는 일에 통 말씀이 없으셨다. 고모님이 어머니에겐 시누이니 아무 말씀도 하지 않으셨던 것은 아닐까?

셋집 옆 공터에서 두루마기를 태우시던 고모님 모습이 지금도 아련히 남는다. 무심히 나는 영문도 모르고 공터 채소밭으로 날아가는 연기만 바라보았다. 인간적으로 볼 때 참 불쌍한 분이셨다. 우리 쌍둥이를 얼마나 귀여워하셨는지 청주 오실 때 꼭 쌍둥이

옷을 사 주셨다. 막내 돌 때의 노란 밍크 점퍼와 모자는 고모님의 마음이 서려서 지금도 눈에 선하다. 고모님은 가고 안 계시지만 내게 선물로 안겨주신 하늘빛 호랑가시 잎 무늬 원피스는 오래도록 남아 있겠지. 오늘도 장롱 옷걸이에 걸린 하늘빛 원피스를 만지며 까다로우셨지만 속정 깊었던 고모님을 생각한다.

주인을 기다리는 자전거

초초하게 기다리던 입원실 앞에 수술대가 도착했다. 남편은 수술대에 누워 승강기를 타고 3층 수술실로 향한다. 그 뒤를 따르는 나도 처음 접하는 전신 마취를 하고 수술받으러 가는 남편을 보는 마음이 불안하다. 건강해서 병원생활을 한 적이 별로 없어 생소했다.

수술 침대가 3층 수술실 문 앞에 도착했다. 눈을 감고 들어가는 침대의 남편 모습이 사라지자 수술실의 커다란 문이 굳게 닫힌다. 공포에 오금이 저린다. 보호자 대기석에 앉자마자 수술 중인 환자 이름이 자막에 뜨고 이어 전광판에 "수술 전 김○태"의 자막이 뜬다. 두 사람 수술 중이었던 환자가 '수술 종료'로 뜨며 남편이 '수술 중'으로 바뀐다.

난생처음 수술실 앞에서 보호자로 대기한다. 제일 두려운 것은 남편이 전신 마취를 한 것이다. 어깨뼈 쇄골의 골절로 전신 마취를 한다고 했다. 지난번 진찰실에서 의사의 말에 여러 가지 불길한 생각이 모두 머릿속에 담긴다. 수술하다 실수하면 어떻게 하지, 만약 마취에서 깨어나지 못하면? 이런 환상들이 머릿속을 가득 채운다. 남편의 무사함을 기도하며 흐르는 눈물을 주체할 수 없다. 계속 눈에 손수건을 갖다 댄다. 눈물 콧물이 범벅이 되어 손수건을 적셨다.

"수술 전 김○태"라는 자막을 눈 뜨고 바라보기가 두려웠다. 자막을 무서워서 바라볼 수 없었다. 남편의 몸에 메스를 대고 골절

된 쇄골을 접합하여 고정시키는 수술을 할 텐데. 눈을 감고 계속 흐르는 눈물을 닦는다. 남편한테 소홀했던 일들만 온통 머리에 가득 밀려온다. 좀더 친절하게 대답하고 상냥하게 대하지 못했던 것들, 바람 앞에 등불처럼 위태로운 생각만 계속 들었다. 애절했다.

옆에서 기다리던 보호자 환자는 수술이 종료됐다. 30분 후면 회복실에서 마취가 깨어 갈 수 있다는 소식을 담당 의사가 전한다. 조금 후 그 지인은 환자와 함께 입원실로 이동했다. 부러웠다. 무사히 수술을 마친 그 환자가.

수술실 앞의 대기실 의자엔 아무도 없고 혼자 남았다. 삼 형제가 있으나 첫째, 둘째 아들들은 미국에 살고 있고, 승무원인 막내도 서울에 있으니…. 가족의 소중함을 뼈저리게 실감했다. 퇴근 시간이 가까워 오는지 주변의 소음도 차츰 사라진다. 어수선하던 주변이 조용해진다. 적막하다. 모든 사람들 다 입원실로 가고 남편만 '수술 중' 자막이 1분 간격으로 뜬다.

눈물로 촉촉해진 벌건 눈을 손수건으로 닦으며 죄인처럼 고개를 푹 숙이고 초초하게 기다렸다. 5시쯤 남편 수술을 집도한 초록색 수술복을 입은 담당 의사가 수술은 잘됐고 수술 중 이상 증상은 없었다는 소식을 전해주었다. 30분 후면 입원실로 갈 수 있다고 걱정하지 말라는 위로의 말과 함께 승강기에 오른다.

나는 안도의 숨을 쉬었다. 전신 마취라 정말 마음이 쓰였다. 깨어나지 못하면 어떻게 하나 불길한 생각도 들었다. 전신 마취에 공포가 생겨 그랬을 것이다. 몇 년 전 건강검진 때 내시경 검진을 할 때도 나는 마취를 하지 않고 역겨운 것을 참고 견디었다. 혹시 못 깨어나 죽으면 어쩌나 하는 불안한 마음에서였다.

수술실 문이 열린다. 남편의 눈 감은 모습이 드러난다. 수술실에서 침대에 실려 나오는 남편의 눈 감은 손을 꼭 잡았다. 수고했다는 말을 했다. 감사했다. 수술 후 촬영실로 가서 수술 결과를 촬영하고 입원실로 옮겼다.

남편이 왼쪽 쇄골이 부러지고 오른쪽 갈비뼈가 타박상이었으나 다리, 머리, 얼굴 안 다친 것을 얼마나 감사했는지. 작아진 목소리에 힘이 생겼다.

남편의 자전거 사고로 7인실에서 2주 동안 여러 사람들과 삶을 공유하며 병원생활의 단면도 처음으로 경험해 보았다. 사고 난 지 벌써 사 년이 지났다. 건강하게 그날그날 아무 일 없이 사는 것이 얼마나 감사한 일인지.

아이들도 모두 집을 떠나고 시어머니도 돌아가셨다. 남편과 둘만 생활하게 되었다. 서로 의지하면서 재미있게 살아야 하는데 여건은 되었으나 긴 시간 무덤덤해진 습관 탓인지 그날그날을 밋밋하게 보낸다. 이것이 삶인 것 같다.

자전거는 대문 안에서 손잡이를 잡아줄 주인을 묵묵히 기다린다.

어머니의 보물

우리 집 현관 입구에 단풍나무가 곱게 물든다. 그 무덥던 여름이 꼬리를 내렸다. 시어머니가 계시던 방 정리를 한다. 한동안 닫혀있던 장롱문을 연다. 어머니께서 즐겨 입으시던 여러 벌의 주름치마가 눈에 안긴다. 아직 살아계시는 것만 같다. 벽에 걸린 사진틀 속에 연한 연둣빛 모시옷을 입으신 어머니. 얼굴이 평안하다. 갸름하고 세련된 얼굴, 잔잔한 표정에 단아하고 자존심 강했던 삶이 사진에서도 묻어난다.

입추가 지나고 아직도 더위가 가시지 않았던 4년 전, 8월 중순으로 접어들 때 어머니는 아쉽게 가을을 앞두고 소천하셨다. 자작나무처럼 고고했던 자태. 생전 남의 이야기는 거의 하지 않으셨던 어머니. 어머니의 주변엔 늘 사람들이 많았다. 불편하신 중에도 가시는 날까지 지팡이도 짚지 않으시던 자존심, 자식들 앞에선 눈물을 보이지 않았던 강인함, 이런 수식어들이 어머니를 말해준다.

어머니의 장롱 서랍엔 이것저것 잡동사니들로 가득하다. 내복, 양말, 뜯지 않은 팬티 상자, 몽골 다녀온 손자가 선물로 사다 준 연한 노란색의 캐시미어 털장갑, 여러 가지들을 꺼내어 분류했다. 쓸 수 있는 것과 그렇지 않은 유품들을 차근차근 정리했다. 만물상처럼 가짓수도 다양하다. 그중 주름치마가 가장 많았다.

한참 정리하다가 언뜻 서랍 맨 아래 내 주먹만 한 하얀 화장지 뭉치가 눈에 띄었다. 두루마리 화장지를 찢어 여러 겹 포갠 것이다. 어머니는 가벼운 치매를 앓으시며 화장지를 찢어 여러 겹 차

곡차곡 쌓아 두는 날이 많았다. 화장지를 새로 내놓으면 금세 없어졌다. 어느 날 화단에 물을 주고 왔더니 찐 고구마가 없어졌다. 어머니께 여쭈었더니 모른다고 하셨다. 어머니 방에 가서 보니 작은 문갑 위에 화장지로 싸놓은 물체가 보인다. 찐 고구마를 화장지에 싸서 그곳에 숨겨둔 것이다.

문득 그때가 생각나 버리려다 무엇인지 한 겹씩 벗겨 보았다. 까만 밤콩처럼 동글동글한 것이었다. 다섯 개였다. 코에 대자 냄새가 났다. 돌덩이처럼 딱딱하게 굳었다. 왜 변을 종이로 싸서 장롱 속에 숨기셨을까. 아마 어머니는 그것이 구슬처럼 보였나 보다. 귀하게 생각하고 장롱 서랍 맨 아래에 넣어 둔 것은 아니었을까.

생존해 계실 때도 그런 일이 있었다. 외출 후 귀가했을 때 요플레를 잡숫고 빈 통에 구슬 같은 변을 담아 놓으셨다. 어머니는 변비가 심해서 대변을 토끼처럼 동글동글하게 보셨다. 분명 보물처럼 생각하고 그렇게 하신 것 같다. 가벼운 치매를 앓고 계셨지만 흔히 말하는 예쁜 치매를 가지고 계셨다.

어머니는 삼 남매를 두셨다. 딸은 초등학교 졸업 후 폐결핵으로, 막내아들은 군에서 전속부관으로 있을 때 교통사고로 그만 잃으셨다. 삼 남매 중 남편만 혼자 남았다. 도련님과 시누이는 이미 세상을 떠난 지 오래되었다. 서른여섯에 남편을 일찍 보내시고 홀로 어린 삼 남매를 어렵게 키우셨다. 노후에 하나 남은 아들과 손자들과 함께 살며 평생 동안 새벽을 깨운 분이시다.

시어머니는 실향민으로 보낸 남한에서의 삶이 얼마나 고단하셨을까. 친정 한 번 못 가시고 그 많은 세월을 보내셨으니. 치매로 누워계실 때 우리 엄마는 내가 이렇게 아픈데 왜 오지 않느냐는 말씀을 여러 번 하셨다. 그때마다 어머니의 엄마는 100세가 넘어 벌써 돌아가셨다고 말씀드리면 아무 말씀도 하지 않으시며 얼굴이 어두워지곤 했다.

남편은 어머니께 한 일이 아무것도 없다고 말한다. 그러나 내가 보는 남편은 효자였다. 불같은 성격이지만 어머니 편에서 많은 부분을 생각했다. 나 역시 할 말도 참으며 묵묵히 생활했다. 남편은 퇴직하면서 새벽기도 나가시는 어머니를 모시고 다녔다. 막상 돌아가시기 3년 전부터는 기력이 약해져 새벽기도를 나가지 못하셨다. 그때부터 남편은 어머니께서 평생 하셨던 일을 하리라 다짐했나 보다. 더불어 나도 남편과 함께 새벽예배에 참석하고 있다.

남편은 오늘도 이른 새벽잠에서 깨어 나와 함께 교회로 향한다. 우리 가족을 위해, 환우들을 위해, 어머니께서 하신 대로 새벽기도로 하루를 시작한다.

어떤 값진 보물보다 살아 움직이는 귀중한 어머니의 보물.

대야

우리 집 욕실에는 스테인리스 세숫대야가 하나 있다. 40년이 좀 넘은 당시 나의 결혼 혼수품이다. 욕실에 갈 때마다 눈에 띈다. 반짝반짝 윤이 나는 대야. 그 대야만 보면 신혼 때가 떠오른다. 대야의 안 바닥에 비친 친정어머니 얼굴. 나이 들어가는 내 모습이다. 나이 들수록 친정엄마를 닮아간다. 꼭 엄마 딸임을 더 실감나게 한다. 혼수 중 유일하게 남은 것이 그 대야다.

결혼 후 직장생활로 네 번의 이사를 다녔다. 그때마다 대야는 내게 껌딱지처럼 붙어다녔다. 지금은 농촌도 도시와 별 차이가 없다. 모두 욕실도 현대화되어 있고 그리 불편하지 않은 집 구조로 대야 같은 것은 별 필요 없게 되었다. 그리고 필요하면 플라스틱의 가벼운 재질로 된 것을 사용한다. 그렇지만 1970년대 중반은 그렇지 않았다.

셋방살이하던 결혼 초기에는 화장실도 주인댁과 함께 썼다. 실내에는 화장실이 없었다. 세숫대야에 물을 받아 세수를 했다. 그것은 세수뿐만 아니라 빨래를 삶을 때도 사용했다. 후에 세탁기가 있었어도 삶아야 할 빨래들은 그 대야에 삶아 빨곤 했다.

어머니는 양은 대야는 부딪치면 일그러지고 쭈그러지기 쉽다고 말씀하셨다. 때문에 스테인리스 대야를 마련해 주셨다. 그때 청주 남주동 시장에서 제일 좋은 것으로 구입하셨다고 하셨다. 스무 살에 낳은 딸이 결혼을 하게 되니 얼마나 설레셨을까. 자식을 키워보니 부모의 마음을 조금씩 알아간다.

쌍둥이가 태어났을 때 그 대야에 따뜻한 물을 데워 세수도 시켰다. 지금도 아련히 기억나는 것은 아기 피부 살이 부드러워 만지면 터질 것 같아 난 목욕도 시키지 못했다. 그냥 물만 데워 대야에 담아 안방에 갖다 드린 것이 고작 내 할 일이었다. 아기 씻기기는 것은 어머니와 남편의 몫이 됐다. 그런 잔잔한 기억이 있는 대야를 35년 전 이곳으로 이사 올 때 이삿짐에 실어 가져왔다. 이사하기 전, 남편은 대야는 어떻게 하느냐 물었다. 난 어머니의 마음이 깃든 것이니 싣고 가자고 했다. 지금도 욕실에서 하루에도 몇 번씩 내 눈길 속에 안긴다. 마치 어머니의 얼굴을 보는 듯해서 20대 후반의 나로 돌아간다. 매일 그곳에서 어머니를 만난다. 분주한 하루를 보내다 까마득히 잊었던 대야에 눈이 가면 어머니를 생각한다.

당시 농촌에는 별다른 수입원이 없어서 밭에서 생산한 푸성귀들을 남주동 시장이나 육거리시장에 내다 파셨다. 그런 푼돈을 모아 살림을 일구며 자식들 공부도 시키곤 하셨다. 내가 결혼한다고 했을 때 아버지는 기르던 황소 두 마리를 소전에 내다 파셨다. 그리고 결혼자금을 마련하여 남편에게 넘겨주어 혼수품을 사도록 배려하셨다. 당시에도 나는 그런 쪽엔 별 관심이 없었다. 본인이 사고 싶은 것을 사도록 그냥 맡기었다. 제천에서 근무할 때니 그곳에서 신혼살림을 시작하게 돼서 청주와 제천이 너무 먼 관계로. 그렇게 하셨을지도 모르겠다.

지금은 내가 아버지가 세상을 떠나신 나이보다 더 많으니 그동안 시간이 얼마나 지나갔는가? 나이가 더해지면서 부모님 생각이 나니 뒤늦게 철이 드는 것은 아닌지. 한동안 써서 얼룩 때가 묻은 대야를 바라보다 얼른 닦는다. 반짝반짝 윤이 난다. 그곳에 얼굴이 비친다. 엄마 닮은 내 얼굴이다. 나이 든 딸의 모습이다. 그 딸도 엄마처럼 그렇게 살아간다.

패랭이꽃

산책하는 길에 청주종합운동장 둘레를 걷는다. 은은한 향수 같은 내음이 코로 스민다. 길 옆 종합운동장 전면 화단에 핀 패랭이꽃 냄새다. 5월 중순이 지나면 뾰족뾰족하던 잎들의 끝에 원예종 패랭이들이 다투어 뭉쳐 핀다. 마치 신부가 든 부케처럼 뭉쳐 있으니 소담스럽고 화려하다. 그 내음은 날 고향으로 안내한다. 아련한 기억 속의 그 고향으로. 그 꽃내음 속엔 지금은 사라진 고향이 내 눈으로 다가온다.

이맘때가 되면 어머니는 따비밭으로 아버지와 함께 농사일을 가신다. 집에서 동생들과 놀던 난 할머니에게 밭에 간다고 말씀드린 후 혼자 들을 지나 작은 야산을 지나 산을 넘어 황토밭으로 향한다. 그때부터 집에 있는 것보다 산과 들로 다니는 것을 더 좋아했다. 가는 길엔 큰 소가 배설한 배설물들이 줄을 지어 있을 때도 있었다. 어디에서 모여 왔는지 발길을 옮길 때마다 파리들이 우르르 날아간다. 그 길옆 작은 구릉엔 아주 진분홍빛의 패랭이꽃이 듬성듬성 피어 있었다. 부모님이 일하는 밭을 찾아가며 패랭이꽃을 꺾는 것은 나름대로 신이 났다. 패랭이꽃은 주로 햇볕이 잘 드는 곳에서 핀다. 기분이 좋아서 발걸음이 가벼웠다. 모든 초록풀 사이의 패랭이꽃은 공주처럼 곱고 귀여웠다.

그렇게 구릉을 지나고 야산을 지나 20분 가까이 가면 황톳빛의 따비밭인 우리 밭이 나온다. 아버지와 어머니는 그곳에 고구마를 심으셨다. 황토밭에 심은 고구마가 맛이 있다 하시며 멀지만 그

밭은 고구마 밭이 되었다. 온통 주변이 작은 야산이다. 그리고 밭 주변에 작은 도랑이 있어 물이 졸졸 흐른다. 그날도 두 분은 고구마 순을 밭에 심고 계셨다. 내가 할 일은 도랑에 가서 물을 바가지에 떠 오는 일이다. 그 물을 고구마 순 묻는 데 주면 더 잘 살기에 그 일을 했다. 낮은 산봉우리 자락에 오리나무들이 주로 자랐고, 길 아래에는 잔대가 자라고 있었다. 두 분이 외할머니와 외할아버지, 이모님을 모시며 살았다 그 생활이 얼마나 힘겨웠을까 생각된다.

외할아버지는 아주 내가 어렸을 때 마당을 깨끗하게 쓸어 놓으셨다 하신다. 외손녀가 맨발로 마당에 놀아도 될 정도로. 그런 외할아버지가 나는 희미하게 기억될 뿐 선명히 생각나지 않는다. 그리고 외할아버지는 저녁식사를 하시고 난 후엔 아무리 맛있는 것이 있어도 잡수시지 않았다고 한다. 그래서일까, 나도 저녁 식사 후엔 간식 등 다른 것을 잘 먹지 않는 습관이 있다. 외할아버지와 은연중 닮았을지도 모른다. 할아버진 일찍 돌아가셔서 별 기억이 없지만, 외할머니는 고3 때 돌아가셨으니 할머니에 대한 기억은 그림처럼 선명하다.

길가의 패랭이꽃은 잠시 걷는 동안에도 나를 이렇게 타임머신을 타게 하는 것일까. 왜 불현듯 패랭이꽃에서 고향이 생각날까. 그 고향은 아무 자취도 없이 사라졌는데. 곁에 추억할 할아버지, 할머니 사진 한 장 없고, 어머니 · 아버지도 다 계시지 않는데.

이 네 분은 미원면 계원리 산에 계신다. 어머니가 태어나고 자란 고향의 앞산에서 조용히 계신다. 가끔 손주들이 그곳을 방문할 뿐이다.

언젠가 야구장 언덕에, 어릴 때 그 패랭이꽃이 잡초들 사이에 몇 송이 곱게 핀 것이 보였다. 난 그 잡초 사이에 핀 패랭이꽃을 캐어 우리 화분에 심었다. 그러나 그 꽃은 얼마 가지 않아 죽고 말았다. 그토록 내겐 패랭이꽃이 마음 한곳에 남아있다.

은사님의 선물

비가 추적추적 내린다. 마음까지 울적한 저녁이다. 친구의 전화를 받고 의료원 빈소로 향한다. 고등학교 3학년 담임선생님께서 영면하셨다는 소식이었다. 지난 1월 노환으로 병원에 입원하신 후 끝내 회복하시지 못하고 이승을 떠나셨다. 영전에 계신 선생님은 아직도 인자한 웃음이 가득한 얼굴로 여학교 시절 제자를 바라보고 계신다. 그리고 우리를 아주 반갑게 맞아 주신다.

빈소에서 깜짝 놀란 것은 선생님의 자제 오 형제 중 맏이가 선생님과 똑같았다. 목소리, 얼굴 모습과 아담한 신체까지. 마치 선생님께서 살아계신 것 같은 착각을 했다. 아들 넷이 든든히 버티고 있어 선생님의 가시는 길은 외롭지 않으리라.

장례식장 입구에서 친구들의 모습이 어렴풋이 안긴다. 40년이 훨씬 넘은 세월이 흐른 셈이다. 한 친구는 오랜만에 만났다. 다른 사람으로 착각할 정도였으니. 왜 저 친구가 여기에 왔을까. 자세히 보니 학교 다닐 때 무용을 하던 모습이 고운 친구다.

선생님께서 가시며 우리들에게 주시는 마지막 저녁식사를 마치고 우리 동네 찻집으로 자리를 옮겼다. 친구 셋은 차를 마시며 서로 그동안 살아온 이야기에 빠져든다. 고등학교 시절로 돌아가 이야기꽃이 솔솔 피어난다. 참 오랜만의 해후라 친구들의 입가엔 웃음이 가득하다. 10대 후반이었던 소녀들이 60대 후반에 가까운 할머니가 되었다. 그런데도 탄력 없는 얼굴과는 달리 목소리엔 힘이 있고 반가움에 피곤도 모른다. 웃음소리도 거침없이 찻집

안을 가득 채운다. 이야기하다 궁금한 친구에게 전화를 걸었다. 마침 집에 있었다. 얼마나 반가웠는지 택시를 타고 금세 찾아온다. 친구들 넷이 되었다.

한 친구가 더해지자 찻집 공간은 나이 든 소녀들의 이야기로 가득 찬다. 늦은 나이에 철든 반 친구들. 학창 시절 우리를 위해 발로 뛰시던 선생님 이야기가 시작된다. 한 곳이라도 더 취업 시키려 안간힘을 쓰신 것을 이제야 알게 되었다. 선생님께 은혜를 갚으려 하니 선생님은 계시지 않고 후회만 가득하다.

친구들은 반창회를 해보자 제안한다. 이제 모두 노년에 접어들었다. 부끄러울 것도 없다. 삶이 다 그렇고 그런 것임을 연륜을 통해 알기에 거리낌 없는 듯했다. 한 친구는 우리들의 이런 만남이 선생님이 우리에게 주신 마지막 선물이라 말한다. 그도 그럴 것이 선생님 영면이 아니면 어떻게 우리가 이렇게 만날 수 있단 말인가. 그 친구의 말, 선생님이 주신 선물이라고 우리들은 그렇게 생각했다. 얼마 전에 위암 수술을 한 친구는 얼굴이 많이 수척했다. 그래서 다른 사람으로 착각했다.

언젠가 서울 동료 자녀 결혼식에 갈 때 졸업 후 선생님을 처음 뵈었다. 25년 정도 지났을 때이다. 선생님 옆자리에 앉아 그동안의 살아온 일들을 나누며 지난날을 되돌아보니 참 한심했었다. 뒤늦게 공부하려 고등학교 성적증명서를 확인해 보니 형편없었다. 그 성적은 뒤에서 세는 것이 훨씬 쉬웠다. 그 성적으로 직장인 특별전형으로 만학을 시작했고 마음속에 그리던 대학공부를 하게 되었다. 내 이야기를 들으시던 선생님은 졸업 후의 삶은 본인이 개발해 나가는 것에 달렸다는 말씀을 하시며 무척 대견스럽게 생각하셨다.

그해 고교 동문회 때 선생님은 편찮으셔서 참석하시지 못하셨다. 편지와 수필집을 보내드렸다. 80 중반이 넘으신 선생님은 지난해 노환으로 병실에 입원하셨었다. 친구가 소식을 주어 병원 입원실에 가서 선생님을 뵈었다. 인자한 얼굴에 내게 커피를 주라고 아들에게 말씀하시던 모습이 선명하다. 사모님과 딸을 먼저 보내시고 그 삶이 얼마나 애잔했을까. 비 내리는 날 선생님은 이별을 하셨다.

친정아버지 또래의 담임선생님은 우리 아버지 같은 생각이 들었다. 선생님은 가셨지만 철없던 우리에게 사랑을 듬뿍 주셨던 그 정으로 우리는 반창회를 기다린다. 만날 날짜를 정하고 선생님의 선물을 가득히 마음에 안아본다.

군고구마

몇 년 전에 직장에서 갑자기 통증이 심하다는 어머니의 긴급한 전화를 받았다. 황급히 달려가 어머니를 모시고 병원으로 갔다. 신장결석이라는 진단이 나왔다. 조제한 약을 복용하고 이튿날 다른 병원으로 가서 정밀 진찰을 받았다. 전날 약을 복용하여서인지 변비만 확인되어 다행히 건강을 회복하게 되었다. 어머니는 고구마가 변비에 좋다고 하여 요즈음 고구마를 자주 드시게 권하고 있다.

다섯 살 때로 기억한다. 정확하게는 만 4세가 지난 가을로 생각되었다. 우리 집은 기역자형 집으로 옆방에 다른 가족이 살고 있었다. 그 방에는 내 또래의 남자아이와 군에 입대한 남편, 그리고 젊은 부인이 살고 있었다.

초가을 어느 날, 집에서 2킬로미터 떨어진 초등학교에서 운동회가 열렸다. 옆방 아주머니는 운동회에 가서 고구마를 팔기 위해 솥에 찌고 있었다. 당시 군것질할 것이 없던 때였으므로 고구마 찌는 냄새는 내 입맛을 돋웠다. 먹고 싶은 마음에 부엌으로 들어가 잔심부름을 해주었다. 그렇게 하면 고구마를 한 개라도 주지 않을까 하는 마음에서였다. 그러나 아주머니는 고구마를 다 익혀서 말없이 바구니에 담았다. 먹고 싶은 내겐 관심도 없이 학교 운동장으로 이고 갔다. 매우 서운하였다.

그곳까지 따라갔다. 그러나 아주머니는 고구마를 팔면서 작은 것 한 개도 주지 않았다. 군침만 삼키고 만 것이다. 어린 마음에도 무척 먹고 싶었으나 달라는 말은 자존심 때문에 할 수 없었다. 말은 못 하고 그렇게 노력을 하였지만 모두 허사였다. 그 아주머니는 어린 꼬마는 안중에도 없었던 것이다. 그 후 60여 년의 넘은 시간이 지나갔다. 그렇지만 지금도 그때의 기억이 되살아 잊히질 않는다

요즈음은 먹을거리가 풍부하여 건강을 위해 웰빙음식을 가려서 먹는다. 간식을 먹고 싶은 충동마저 없으니, 얼마나 풍요로운 세상을 살고 있는가. 격세지감을 느끼지 않을 수 없다.

그때를 생각하며 아무리 아이들이 어려도 어른들이 최소한의 배려하는 양식은 지켜야 할 것 같다고 마음먹는다. 그래서 인간적인 관계로 아이들에게 다가서야 할 것으로 생각된다. 그들은 어리지만 판단할 수 있는 예리한 눈을 가지고 있다. 그리고 때 묻지 않은 감성이 그들 마음에 자라고 있기 때문이다. 어린 시절의 그때를 생각하면 성인들이 삶을 통해 보여주는 것이 얼마나 중요한 것인지 알 수 있다. 직접 당해보지 않고는 실감할 수 없는 것이 인생의 여정인 것 같다.

겨울이 가까워 오면 가끔 군고구마 장수를 본다. 그 옛날 내가 어렸을 때에도 군고구마 장수가 있었다. 변한 것은 고구마를 익히는 도구가 조금 달라진 것이다. 그 시절에는 길거리에서 연탄불에 구워 많이 팔았다. 그러나 지금은 큰 드럼통 반을 쪼개서 굽고 있다.

손이 시린 날 군고구마를 사서 따끈한 종이봉지를 들고 오던 때가 그립다. 봉지에서 따듯함이 손 안으로 전해지는 정情을 생각하면 참 행복했다. 나이가 조금씩 들수록 어릴 때 살던 곳이 생각나고 그때 먹었던 음식도 그리워지는 것은 나만의 생각인지…….

2부

여름 향기

토끼풀 화관 | 매화 다시 피어남 | 여름 향기
막내아들의 집 | 노란 이불 | 새해의 숲 | 만록萬綠
사회적 거리 두기 | 이불깃 | 작은 정원

토끼풀 화관

피아노 의자 위엔 토끼풀꽃으로 만든 화관이 놓여있다. 참 오랜만에 만든 풀꽃 화관이다. 그곳에 눈길이 머문다. 아직도 내겐 정겨운 여린 감정이 깃든 곳이 있음을 본다. 남편은 바라보며 시간이 많이 있었냐고 말한다. 내가 할 일이 없이 무료해서 그 화관을 만든 거라고 생각했나? 그렇게 내겐 들렸다. 남편이 내 마음을 읽을 수가 없지. 어찌 내 감성까지 읽을 수 있겠나? 나의 내면이 담긴 것을…. 그 말에 눈물이 핑 돈다.

날마다 가는 산책로에는 토끼풀꽃이 많이 핀다. 지날 때마다 네 잎 토끼풀이 혹시 없을까 해서 한 번씩 더 바라보다 지나친다. 오늘은 산책로에 있는 철쭉과 잡초 이발하는 날인지 작업복 차림의 인부들이 여러 명 웅성거린다. 그 옆에 날렵하게 생긴 예초기들이 여러 대 보인다. 그들은 철쭉과 잔디를 차례대로 깎았다.

산책로 옆의 공간에는 토끼풀꽃이 많이 피어있다. 제법 반그늘에서 키가 많이 자랐다. 예초기로 자르기 전에 풀꽃을 뜯기 시작했다. 잘려나갈 것을 생각하니 안타까웠다. 반대쪽에서 풀 깎는 소리를 뒤로하고 꽃 핀 대궁을 길게 따기 시작했다. 조금 있으면 잘려나갈 것이기에 빠른 손놀림으로 뽑았다. 며칠 전부터 그 토끼풀꽃에 눈길이 자주 멎었다. 마음에 담긴 토끼풀 화관을 만들고 싶어서였다. 토끼풀꽃이 무리 지어 있는 곳을 보면 꼭 그런 마음이 들었다.

갑자기 미국에 사는 손녀딸이 생각났다. 이곳에 살면 이런 풀밭에 와서 함께 화관을 만들 수도 있는데, 그런 생각을 하며 토끼풀꽃을 열심히 뽑았다. 옆 잔디밭엔 예초기 돌리는 소리가 요란했다.

귀가해서 작은 마당 꽃 작업장에 앉아 화관을 만들기 시작했다. 참 오랜만에 만들어 보는 화관이다. 산책할 때마다 한번 만들어 보고 싶던 화관이다. 나는 남자아이만 셋을 키웠기에 그 아이들에게 그런 것을 만들어 줄 기회가 거의 없었다. 그래서 정말 오랜만에 손녀들을 생각하며 만들게 되었다.

토끼풀꽃 두 개씩을 차례로 엮어갔다. 30분 남짓해서 둥근 화관이 완성됐다. 먼저 남편에게 씌워 주었다. 그리고 찰칵, 나도 머리에 쓰고 현관 입구 단풍나무 앞에서 자동으로 내 모습을 촬영했다. 작은 화관을 만드는 동안 내 유년으로 돌아갔다. 초등학교 1학년 때 담임 선생님은 우리들을 데리고 풀밭에서 화관도 함께 만드시고 꽃시계도 만드는 낭만적인 선생님이셨다. 그래서 지금까지 그 작은 기억들이 잊히질 않는가 보다. 선생님께서 만든 화관을 머리에 씌워 주시던 기억이 아직도 아련히 내 마음에 남아 있다.

손녀딸들을 가끔 한 번씩 영상으로 만난다. 하지만 늘 1%가 부족하다. 그 채워지지 않는 정은 공간을 초월한 내 마음을 파고든다. 나 혼자 짝사랑하는 것도 안다. 그러면서 자꾸 그리워한다. 손녀들은 나처럼 이렇게 애틋하지는 않을 것이다. 나도 이런 생각이 드는 것을 보면 나이가 드나 보다. 하긴 고희가 넘었으니 많기도 많다. 언제 그렇게 잡히지 않는 세월을 많이 보냈는지. 끈으로 묶어도 묶이지 않는 세월을.

온유와 소명이가 할머닐 떠올리면 생각나는 것은 무엇일까, 생각해보지만 특별한 것이 없다. 직장생활로 제대로 한번 함께 놀지 못했고 제 엄마가 집에 함께 있으니 내게 있을 시간이 별로 없었다. 언젠가 제 엄마가 건강검진 가는 날 우리 집에 맡긴 적이 있다. 그때는 주말이어서 나도 집에 있게 됐다. 두 손녀가 옥상에 가자고 조르는 바람에 불편한 다리를 간신히 옮겨 옥상으로 갔다. 올라가서 물뿌리개로 바위솔에 물을 주었던 던 일, 그것이 사진으로 남아 있을 뿐이다. 그 무엇 하나 뚜렷하게 남는 것이 별로 없다. 나는 외할머니와 함께 살며 정들었던 많은 것들을 잊을 수가 없다. 내일은 사진 촬영한 것을 명성이에게 보내 손녀들에게 보여 주라고 해야겠다.

그 아이들이야 어찌되었든 보고 싶은 그 마음을 그 화관을 보며 전하고 싶다. 작은 것 하나가 마음을 건드리기도 하니 말이다. 토끼풀꽃 화관을 코로 가까이 대자 풀꽃의 은은한 냄새가 스민다. 손녀딸 온유와 소명이의 웃음처럼 맑은 향기 속에 내 마음을 담는다.

매화 다시 피어남

아직 겨울 추위가 한창이다. 도톰한 봉오리로 봄을 기다리는 두 그루의 매화가 내겐 특별하다. 오래전에 남편이 근무하는 곳에서 지인에게 선물로 받은 백매와 내가 출장 다녀오던 길에 청매원에서 구입한 빨간 비매다. 그 둘은 당시 무지했던 주인을 만나 꽃 한번 멋있게 피우고 그만 화단에 내던진 적이 있다.

그 이유는 분재에 대한 지식이 부족했기 때문이었다. 나도 그때는 그 꽃을 보호한다고 거실에 들여놓았다. 밖에 두면 얼어 죽을까 봐. 겨울에 나무를 거실에서 키우다 보니 거실이 건조하여 잎도 다 떨어지고 물 관리도 제대로 되지 않았다. 거기에 과잉보호로 나무의 뿌리는 썩고 있었다. 하는 수 없이 그만 매화 분재를 뽑아 겨울 추위도 아랑곳없이 앞뜰에 내던져버렸다.

모질게 추위를 견디고 난 그 이듬해 봄, 화단을 정리하다 지난 겨울 던진 매화 두 그루가 눈에 띄었다. 거슬렸다. 비싸게 구입해서 아까운 마음과 선물로 받은 것을 제대로 관리하지 않은 죄책감이 공존했다. 그 생각은 마음속에 있고 다만 굵고 짧은 줄기에 다 마른 잔뿌리의 흉한 모습만 보였다. 겨울 추위에 나무는 망가질 대로 망가진 것이다. 아쉽지만 그것을 버리기로 했다.

쓰레기 봉지를 가져와 그곳에 버리려고 집어 들었다. 그때 남편은 버리기가 아까운지 헛일 삼아 심어 보자고 한다. 지팡이를 꽂아 두었더니 싹이 났다는 오래전에 들었던 이야기도 어렴풋이 생각났다. 손에 들었던 매화 두 그루를 뜰에 내려놓았다. 남편은 앞뜰에 던져놓은 매화 두 그루를 2층 올라가는 계단 옆 햇볕이 잘 드는 곳에 정성 들여 뿌리를 묻었다. 그리고 한동안 관심을 두지 않고 묵묵히 지냈다.

비가 촉촉이 내리던 초여름, 봄에 심었던 매화나무를 살펴보았다. 죽은 줄 알았던 굵은 나무 밑동의 가느다란 가지에서 연초록 잎이 몇 군데 돋아난다. 얼른 남편을 불러 신기한 소식을 전했다. 남편의 입이 귀에 걸렸다. 매화 곁으로 다가가 그 모습을 보며 물도 주었다.

그때부터 매화에게 관심을 두었다. 말랐던 가지는 잘라주고 나무 모양도 잘 다듬어 주었다. 드문드문 나던 새순은 물이 오른 가지 이곳저곳에서 모습을 보이기 시작했다. 그렇게 시작한 매화의 생명은 겨울을 나고 이듬해 가는 가지 끝에 꽃 한 송이를 피웠다. 잃었던 생명을 다시 찾은 기쁨은 처음 매화를 들였을 때보다 더 컸다.

이젠 해가 거듭될수록 웃자라는 순을 잘라주고 보살펴 아담한 나무로 가꾸었다. 지난해에 이어 매실을 수확하여 작은 유리병에 담아 놓고 바라본다. 몇 해 전 담갔던 매실은 요리에 활용하며 내 주방 살림에 한몫하게 되었다. 지난봄에는 빨간 비매와 흰 매화 꽃잎을 따서 화전을 부쳤다. 그 빛깔이 얼마나 곱던지, 먹는 것이 아까워 사진을 찍어놓고 한참을 바라보았다. 하얀 전 위에 핀 매화, 향기도 좋지만 맛과 모습도 일품이다.

매화를 보며 내 삶을 돌아본다. 던져졌던 매화처럼 모진 겨울을 보낼 뻔했었는데…. 초등학교 6학년 겨울 가정의 어려움으로 중학교 진학을 포기했다. 그런 내게 눈길을 헤쳐가며 마감 하루 전 원서를 제출하여 길을 내어준 삶의 은인 사촌오빠다. 그의 배려로 오늘의 내가 지금처럼 노후를 편안히 보내고 있지 않은가.

남편이 던져진 매화를 다시 심어 다시 살아난 것처럼 나 또한 사촌오빠의 따뜻한 손길로 매화 같은 날들을 살고 있지 않은가.

한때 버려졌던 매화. 이젠 그곳에 매화의 봄이 해마다 기다림 속에 고운 꽃을 피우리라. 오는 봄에도 그 향기를 전하며 매화는 다시 피겠지. 더해지는 내 나이와 함께.

여름 향기

입식 사이클 페달을 밟는다. 그때마다 은은한 향기가 바람결에 가끔씩 실려온다. 어디서 향기가 오는 걸까? 주변을 바라본다. 찾아봐도 향기가 날 만한 것이 없다. 그런데 커다란 플라타너스 아래 1미터 정도 키에 쥐똥나무가 줄을 지어 서 있다. 그곳에서 전해오는 향기다. 바람이 불 때마다 더 가까이 날아온다. 온통 푸르름으로 가득한 숲, 난 그 은은한 내음을 푸른 향기라고 말하고 싶다.

숲 주변엔 참새와 푸른 바람, 묵은 등나무 기둥을 쪼는 검은 딱따구리, 쇳소리를 내는 콩새, 가끔 야구장 피뢰침에서 울던 까치가 어울려 산다. 커다란 자전거 조형물을 중심으로 참새들은 떼 지어 몰려온다. 그곳은 아무도 넘보지 못한다. 참새 떼들은 수시로 조형물 옆의 묵은 등나무를 터전 삼아 우르르 떼 지어 날아갔다 날아오르곤 한다. 까치도 기웃거리나 어림도 없다. 참새 떼가 워낙 많으니 까치는 주변에서 어른거린다. 마치 따돌림당한 어느 아이처럼 혼자 종종걸음을 걷는 모습이 안쓰럽다.

매일 오는 숲 집 근처에 조성된 체육공원이다. 파란 잔디가 자라는 곳에 적당한 간격을 두고 운동 시설이 배치되어 있다. 청주시에서 시민들의 건강을 위해 배려한 복지 차원의 운동장비다. 집에서 가깝지만 이곳에서 그 기구를 사용한 것은 코로나가 시작되던 1월 중순부터다. 이곳은 그냥 걷기 할 때만 지나치던 곳이다. 막상 사용하고 보니 참 유익하다. 집 가까이 이런 시설이 있다는 것이 얼마나 감사한 일인지. 주변에 야구장, 종합운동장, 구청, 보건소, 예술의 전당, 수영장, 문화시설, 행정시설 체육시설이 모두 모여 있다.

살랑살랑 부는 하늬바람에 실려온 은은한 푸른 향기가 운동을 하는 내 눈언저리를 촉촉이 적신다. 왜 그럴까. 아직도 내겐 그런 순수한 감정들이 남아 있는 걸까. 더해지는 나이에 자꾸 무디어지는 감정으로 변하는 것 같아 자신이 미워질 때가 있다. 오늘 모처럼 대자연 속에서 가장 순수한 감정의 마음결이 소녀가 된 것처럼 곱다고 생각했다. 나와 자연, 새소리와 바람소리 하늘을 떠가는 구름, 마로니에와 잣나무를 흔드는 바람, 느티나무 숲에서 지저귀는 새소리, 모두 친구가 되어 선하기에 눈가가 촉촉해지는 거라 생각했다.

아이들도 다 자라 자기들 생활을 찾아갔다. 퇴직 후 뒷바라지해 드리던 어머니도 먼 나라로 가셨다. 나와 남편만 남아 노년을 보내며 산다. 우리 내외에게 남아 있는 과제는 건강하게 살다 건강하게 마무리하는 것이다. 그래서인지 다른 것을 뒤로하고 우선순

위로 운동을 앞에 세워둔다. 늘 하루 코스는 아침식사 후 체육공원에서 스트레칭을 마친 후 그다음은 주변을 걷는 순서를 거르지 않는다. 비가 오나 눈이 오나 한결같은 마음으로 자신과의 싸움을 한다. 덕분에 열네 종목이나 되는 체육공원의 운동기구도 모두 활용할 수 있게 되었다. 처음엔 몇 가지 쉬운 것들만 했다. 그리고 부족한 것은 운동기구를 만지며 제시된 사용법을 읽는 것이었다. 제일 힘들었던 것은 달리기 기구였다. 무릎이 좋지 않은 내겐 그 운동기구는 하나의 무서운 도구였다. 그러나 아기가 걸음마를 배우듯 한번 두번 늘려가다 보니 이젠 100번을 할 수 있게 되었다. 그리고 속도도 빨리 할 수 있게 되어 얼마나 감사한지. 이것은 코로나가 내게 준 선물이다

다시 입식 자전거 페달을 밟는다. 쥐똥나무 향기를 가져오는 바람과 야구장 라이트 꼭대기에서 우는 까치 소리, 커다란 자전거 조형물 옆이다. 스테인리스 울타리에 찌익 단풍나무에서 날아온 콩새, 그들의 앙증맞은 몸짓을 바라보며 페달을 밟는다. 혼자여도 쓸쓸하지 않다. 혼자 있으면 심심하다고 말하는 사람도 있지만

나는 심심하지 않다. 때로는 운동하다 잔디밭을 바라보며 토끼풀 있는 곳에서 네 잎 클로버를 찾는 행운도 있다. 이렇듯 홀로 익숙하게 지내는 방법도 코로나의 사회적 거리 두기로 얻은 선물이다.

아직도 쥐똥나무에서 푸른 여름 향기가 내게 전해진다.

막내아들의 집

아침 일찍 남편과 함께 인천행 시외버스에 올랐다. 아들은 지난 시월, 서울 강서구 등촌동 오피스텔에서 6년 넘게 살다가 인천 서구 청라로 이사를 했다. 그간 우리 내외와 시간이 서로 맞지 않아 두 달이 다 되도록 이사 간 집 방문도 하지 못했다. 아마 우리 내외 같은 부모는 그리 흔치는 않을 것이다. 어제는 인천에 가기 위해 모처럼 다른 약속 두 가지를 취소했다.

궁금함이 가득한 채 버스에 몸을 실은 우리는 두 시간이 채 되기 전에 인천시외버스터미널에 도착했다. 마중 나온 막내 차에 올라 아파트까지 가는 길은 30분이 남짓 걸렸다. 새로 조성된 곳이다. 아파트가 있는 주변의 시가지 사이로 작은 운하도 흐른다. 조경도 나름대로 도시에 어울리게 조성 중인 듯했다. 서울을 떠나와 이제 인천 사람이 된 셈이다. 자주 가는 인천공항이 가까워서 다행이다. 아파트도 서울에 비해 저렴하고 좀 더 넓은 공간에서 생활할 수 있으니 실용성을 택한 것이다.

승용차에서 내려 50층이 넘는 아파트를 바라본다. 아득하다. 아들이 사는 곳은 46층이란다. 막내아들을 따라 도착한 곳에서 문을 열자 카톡으로 보내준 공간이 나타난다. 손수 페인트를 칠한 흔적에 머리가 숙여진다. 그 넓은 공간을 색칠하느라 얼마나 힘들었을까. 순간순간 색칠한 것을 카톡으로 보내주어서 짐작은 했지만, 섬세한 감각으로 칠한 솜씨에 감탄이 절로 난다. 색에 대한 내 감각이 은연중 녹아있는 듯했다.

인테리어도 간단하면서 센스 있게 해서 이색적이다. 직접 잡아

온 민물고기로 작은 수족관 두 개와 쏘가리 어항을 제작했다. 큰 공간에 동적인 민물고기의 출현은 감각적이었다. 훨씬 생동감이 돌았다. 거실과 작은방 벽 사이 공간을 할애하여 구성되었다. 어릴 때부터 워낙 곤충과 민물고기를 좋아했다. 집에 있을 때에도 틈새 시간에 머리 식히려 가끔 물고기도 직접 잡아 어항에서 길렀다. 아파트에 넓은 공간에 혼자 살아도 심심하지 않겠다. 너무 도취하면 결혼하는 것도 잊을지 모르니 적당하게 즐겼으면 좋겠다.

주방도 네이비 색의 벽과 식탁 위의 푸른색 갓을 쓴 전등이 잘 어울린다. 무엇 하나 흠잡을 것이 없다. 안방 회색 톤의 밝은 벽과 노란색 공간의 어울림, 스위치까지 노란색으로 정말 멋있다. 섬세하게 심혈을 기울인 흔적이 역력하다. 그렇게 하나하나 빈틈없이 손수 한 것이 참 대단하다. 그것을 인부들에게 맡겼으면 그렇게 원하는 것을 그대로 할 수 없었을 테고 가격도 만만치 않았을 텐데. 비행 후 쉬는 시간을 활용하여 몇 달 동안 작업을 완성한 것이다. 엄마로서 도와주지 못해 미안한 생각도 든다. 남편은 냉장고 구입비를 이사 선물로 주었다.

막내는 경제적인 면은 남편을 닮아 알뜰하고 철저하다. 옷 구입도 비싼 옷보다는 색깔을 잘 골라 입는 쪽을 택한다. 충분히 누릴 수 있는 것도 근검절약하여 제 삶의 보금자리를 마련하는 것을 보면 기특하다.

내겐 좀 방관 비슷한 성품이 있다. 뒤에서 관찰하는 편이다. 앞에서 간섭하지 않고 지켜본다. 스스로 할 수 있게 시간을 주고 기다리는 것이다. 그러면 시간이 지난 후엔 자신이 해결하고 할 일을 찾아 한다. 그렇게 어려서부터 자라왔기에. 타인이 보면 방관이다. 더러는 방치처럼 보인다. 청주 좁은 우리 집에 비하니 넓은 공간과 곳곳에 있는 붙박이 수납장들이 실용적으로 잘 구비가 되었다.

거실의 커튼을 열자 인천 바다가 보인다. 마음까지 후련하다. 탁 트인 공간이 시원하다. 막힘이 없으니 거실 바닥만 업자에게 맡겼다고 한다.

점심때 가까운 식당에서 생선구이 삼치와 가자미, 그리고 꼬막비빔밥을 먹었다. 인천은 바다가 있는 곳이라 그런지 생선도 싱싱하고 튼실했다. 북에 가깝고 바다가 있는 곳이라 그런지 바람이 꽤 찼다. 식사 후 바로 귀가했다. 물고기를 바라보며 시간을 보냈다.

아들 집에 갔으니 엄마가 요리를 해 주어야 하는데 도저히 그럴 기운이 나지 않았다. 모처럼 간 우리에게 막내는 아무것도 하지 말라고 하였다. 중국집에서 가락국수를 배달시켜 저녁을 먹은 후 함께 한일전 축구를 보다 막내는 잠이 들었다. 아기 때 세발자전거 타다가도 졸리면 자던 귀염둥이가 성장해서 내 집 장만을 하고 우리 내외를 모신 거다. 얼마나 기특하고 대견한지. 얇은 이불을 덮어 주었다. 아직 결혼을 안 했으니 서른아홉 살 성인이지만 내겐 아기다. 초등교사 퇴직 후 낳은 아들이라 애틋함이 더 많다.

새벽 네 시 반에 일어나 화장실에 다녀왔으나 거실에서 자고 있는 막내는 아직도 밤중이다. 하루 자는 것도 이리 불편한데 만약 함께 살면 얼마나 불편할까? 안방에서 엉거주춤 있다가 8시가 넘어 거실로 나왔다. 몇 시에 잤느냐 물으니 두 시에 잤다고 대답한다, 잣죽을 데워 먹고 막내와 함께 청라호수공원을 구경하고 11시 차로 청주로 귀가했다.

노란 이불

며칠 전 인터넷 매장에서 할인하는 노란 이불을 한 채 구입했다. 지난번에 40년 가까이 두었던 목화이불솜을 망설이다 정리했다. 요 2장만 남기고 모두 쓰레기 봉지에 넣어 버렸다. 마음 한 곳이 서운했지만 나이 들어가며 관리도 어려워 큰 결단을 하게 됐다.

방을 정리하며 몇 해 전부터 작은방 봉지에 싸여있던 솜이불 뭉치를 버리려다 들여놓기를 여러 번 거듭했다. 결혼할 때 부모님께서 목화를 손수 길러 목화솜으로 이불을 장만해주신 그 정성이 마음에 걸려서였다. 부모님은 몇 년 동안 딸 시집갈 때 이불 해주려 목화를 심어 수확을 하신 것이다. 그렇게 부모님의 정성이 가득한 이불을 쓰레기 봉지에 넣어 버린다는 것이 쉽게 마음에 내키진 않았다. 괜히 돌아가신 부모님께 잘못을 하는 것만 같았다. 마음에 연민이 생긴다. 미련은 있었지만 포기했다. 남편은 얼른 들어 쓰레기 버리는 곳으로 옮겨 놓았다.

난 유난히 노란색을 좋아한다. 마침 내가 애용하는 인터넷 매장에 봄맞이 할인 행사하는 노란 이불이 있었다. 가격도 적당했다. 그 이불이 마음에 쏙 들어 덮고 싶었다. 아직도 꿈은 살아있는지. 설렘에 가득 찬 마음으로 노란 이불을 구입하였다.

둘째네 네 식구들을 공항에서 보내고 돌아오며 허전한 마음에 무엇인가 변화를 주고 싶어서였다. 그 빈자리를 노란 이불로 채우고 싶었다. 봄이 가득 담긴 포근한 그 이불로. 며칠 전 배달된

택배의 포장을 벗겼다. 개나리처럼 노란 이불을 종이상자에서 꺼냈다. 봄이 방안에 가득 찬 기분이었다. 지난가을부터 겨우내 덮던 실크 이불을 거실에 내놓았다. 노란 이불을 대신 덮기 위해서였다. 실크처럼 몸에 포근히 감싸지진 않았다. 처음 덮는 것이어서 이불이 몸에 안기지 않고 가장자리가 들렸다. 분명 남편이 어떤 말을 꼭 할 것만 같았다.

이튿날 남편은 그 노란 이불을 개서 비닐가방에 넣었다. 나는 더 덮고 싶은데 남편은 싫은 기색이 역력했다. 난 아이들을 보내며 기분도 우울했다. 그렇게 봄이 되어 산뜻한 마음으로 생활의 기분전환을 시도해 보자는 의도였는데 남편은 그런 내 마음도 아랑곳없이 이불을 개어 놓고 거실에 있던 실크 이불을 되가져왔다.

이불은 많은 사연이 오간다. 이불을 덮을 때마다 어머니 생각에 잠긴다. 이불 홑청을 뜯어 빨아 풀을 먹여 방망이로 두드려 빨랫줄에 말린 다음 이불을 꿰매어 주셨다. 솜에 싸인 이불 홑청의 까실한 감촉을 잊을 수 없다. 처음 발령을 받아 시골학교에 부임했을 때 단 한 번 어머니는 푸새하는 법과 꿰매는 방법을 시범으로 보여 주셨다. 어깨너머로 보다 직접 내가 해야 하기에 다급한 마음에 정신을 차려 열심히 보았다.

그해 가을 자취방에 문 창호지를 새로 바르고 이불도 깨끗이 빨아 꿰매었다. 서툴지만 어머니께서 가르쳐 주신 대로 따라 했다. 대바늘로 이불을 꿰맬 때 손도 찔려 피도 났다. 가을밤 자취방에서 어머니를 생각하며 까슬까슬한 이불 속에서 잠들던 기억을 잊을 수 없다. 풀을 먹여 까슬까슬한 광목 요와 이불 목화솜에서 전해지는 포근함. 어머니 사랑이 가득 밴 이불 속에서 엄마를 그리워하며 객지에서 잠들던 때가 아련하게 떠오른다.

가을이 깊어진 보름이면 달빛이 창호지 문살에 환하게 비친다. 타향의 가을밤이 깊어간다. 그때의 기억 잊을 수가 없다. 친정어머니는 이승을 떠나셨지만 그때가 더 선명히 생각난다. 나는 노란 이불 속에서 그 기억을 살리고 싶었다. 남편은 그런 내 생각도 아랑곳없이 묵살해 버렸다. 서운하다. 그렇다고 시시콜콜 다 이야기할 수도 없고. 지금도 가방 속에 갇힌 노란 이불을 한번 바라본다. 그리고 내 품에 안는다.

새해의 숲

잎이 진 나무 아래 조릿대가 푸른 숲을 이룬다. 조릿대는 무채색의 숲에 한층 싱싱함을 더한다. 산책로 옆에 드문드문 자라던 조릿대가 몇 년 사이 보기 좋은 작은 숲을 이루었다. 묵묵히 자신들의 터를 넓힌 모습이 식물이지만 대견스럽다. 산책하는 사람들의 눈 속에 초록빛을 가득 담는다. 여름에 보던 모습보다 더 푸르고 당당하다. 이 모습처럼 한 해가 그렇게 펼쳐지길 은근히 기대해 본다.

며칠 전 쌍둥이 생일이었다. 이제 사십 대 초반이 되었지만 아직도 내겐 어린 시절 그 모습으로 남아있다. 미국에 형제가 가까운 곳에 살고 있으니, 아쉽지만 카톡으로 축하 메시지를 전해 주었다.

몇 년 전 같은 시내에 살고 있던 둘째네와 저녁 식사를 하게 됐다. 한우집 큰 상에 여섯 식구가 둘러앉아 생일 노래를 부르며 저녁 시간을 보낸 적이 있다. 손녀 둘은 가족들이 함께 모여 즐거운지 연신 입가에 함박웃음으로 가득했다. 지금은 멀리 있어 아련한 기억이 되었지만.

쌍둥이를 낳던 해, 난 사경을 헤매며 병원을 옮겨 다녔다. 남편이 내가 누운 침대를 잡고 눈물을 흘리며 따라다니던 것을 잊을 수 없다. 그 경황중에서도 '내가 죽으면 남편은 어떻게 하나.' '이제 죽는구나.'라고 마음속으로 느끼며 생명까지 포기한 상태였다. 다행히 세 번째 찾은 병원에서 아주 어려운 과정을 겪고 엄마가 되었다. 당시 노련한 담당의사는 진단을 하며 고개를 갸웃하더니 친정어머니께 아기 옷을 한 벌 더 사 오라고 했다. 아기가 한 명 더 있다는 것이다. 그때 쌍둥이라는 것을 처음 알았다. 대뜸 자연분만이 가능하냐고 물으니 가능하다고 한다.

당시 나는 너무 몸이 탈진되어 아기 생각은 할 수가 없었다. 진통이 배가 아픈 것이 아니었다. 허리가 간간이 끊어지는 것처럼 아팠다. 이틀을 그렇게 시달리다 보니 입도 타고 말이 아니었다. 촉진제를 놓아도 효과가 없었다. 정기 진찰을 다녔던 병원에선 쌍둥이도 모르고 아기만 키웠다고 내게 원망도 했다. 그러면서 제왕절개를 해야 된다는 것이다. 노산하는 여자가 진통을 참지 못하고 제왕절개한다고 하자 의사의 말이 바뀌었다.

남편은 제왕절개라는 말에 병원을 옮기자고 했다. 함께 근무하던 직원이 제왕절개한 후 덧이 나서 몇 달씩 고생하는 것을 보아 개복수술에 대한 불신이 있었다. 그날 저녁 병원에서는 방에 불도 넣어주지 않고 찬 방에서 지내고 퇴원을 하여 의료원으로 갔다. 그곳에서도 수술 환자가 차서 세 번째 병원으로 오게 된 것이다.

그 어려움을 이겨내고 태어나 부모가 되어 가정을 이룬 둘째를 바라보니 대견스럽고 감사하다. 귀여운 두 손녀들이 가족의 끈을 이어주고 삶에 활력을 주니 기쁘지 아니한가. 사십 년이 조금 넘는 시간들이 언제 그리 바쁘게 지났는지. 자신의 노화는 생각하지 않고 자라는 손녀들만 바라보니 삶에 생기가 돈다. 올핸 큰손녀가 중학교에 입학하고 둘째가 중학생 학부형이 된다. 내가 그 아이들을 입학시킬 때처럼 그렇게 기쁨으로 충만하겠지.

산책로에 서서 동쪽 하늘의 밝은 해를 바라본다. 다른 날보다 더 눈부시다. 새해를 하루하루 보내는 내겐 새 힘을 부어준다. 하산하는 길에 촘촘하게 자란 대 숲의 곧게 자란 대나무의 모습을 바라본다. 푸른 기운이 전해지는 것 같다.

대 숲에서 바람 소리를 듣는다. 옆 벤치에 앉는다. 댓잎 부딪치는 소리에 덩달아 직박구리는 찌익 찌익 겨울산의 적막을 가른다. 까치와 박새도 함께 잎이 마른 단풍나무 가지에 날아온다. 가지를 흔들며 함께 어울려 낮은 산과 하모니를 이룬다. 곧게 자란 줄기를 손으로 만져본다. 찬 기운이 손안에 감돈다. 가까운 숲에서 바람

소리 새소리를 듣는다. 겨울 산책은 마음까지 맑아진다.

영역을 넓혀가는 조릿대를 보며 우리의 삶을 반추해 본다. 인생들의 삶도 그것처럼 지나가는 시간 속에 천천히 삶의 자리를 넓혀가며 삶의 한 부분으로 자신의 자리를 잡아간다.

만록萬綠

모처럼 혼자만의 시간이다. 이런 날은 일을 많이 할 수 있어 흐뭇하다. 우선 식사 시간을 제외하곤 내게 주어진 시간이니 여유가 있다. 이렇게 시간이 연결될 땐 꽃을 한 번씩 돌아보는 일을 한다. 꽃과 속삭임이 시작된다. 계절처럼 푸른, 내 곁에 있는 작은 숲과 함께.

오래전에 심은 쇠뿔석위가 넓고 큰 옹기 화분에 가득하게 자랐다. 여러 지인들에게 분양도 많이 했다. 또 몇 년 지나는 동안 지난번처럼 화분 안에 뿌리가 꽉 차있다. 그 화분은 배가 나와 분갈이할 땐 매우 불편하다. 뿌리가 항아리 안에 가득하다. 쏟으려면 작은 입구에 걸려 갖은 고생을 하게 된다. 얼마 전부터 그 화분이 분갈이할 때가 된 것을 알았지만 그냥 두었다. 그 쇠뿔석위 잎이 힘없이 아픈 사람처럼 변하는 것이 아닌가. 그것을 볼 때마다 머리로만 생각했다, 분갈이해 주어야겠다고. 하지만 엄두가 나지 않아 미루어 두었다. 마침 남편이 함께 집에 있게 되어 남편이 화분에서 빼내는 일을 맡았다. 한참을 화분 가장자리에 긴 철사를 넣어 붙은 뿌리를 자른 후 잡아당겼다. 흙에 뿌리가 가득 얽힌 것이 간신히 빠져나온다. 온통 화분 안은 뿌리로 가득 차 있다.

쇠뿔석위를 좀 더 큰 화분에 옮겨주고 나니 마음까지 후련하다. 석위도 아마 아주 시원할 거라는 생각이 든다. 몇 년을 분갈이하지 않고 지내다 보니 뿌리가 화분으로 가득 찼다. 얼마나 갑갑했을까.

이렇듯 무엇이든 제때 하지 않으면 힘이 배가 든다는 사실을 생활 속에서 여러 번 터득한다. 그럴 때마다 다시는 그런 일들을 거듭하지 않겠다고 다짐하지만 그때뿐, 계속 그렇게 하며 지낸다.

옥상 오르는 계단 밑엔 자잘한 화분들이 여러 개가 있다. 어린 꽃묘 하나 버리기 아까워 빈 포트에 심어 키운다. 그리고 필요한 사람이 있으면 분양하는 것이 일상이 되었다.

대문 입구에 서서 우리 집의 작은 숲을 바라본다. 초록이다. 그 가운데 핀 들꽃은 초록 틈새에서 내 눈을 맑게 씻어준다. 작은 공간이지만 초록으로 가득한 뜰을 막내는 만록萬綠이라고 부른다. 그래서 자신의 코란도 흰색 중고차를 처음 구입했을 때 '만록'이라 이름 짓고 차 뒤에도 써서 붙이고 다녔다. 사전엔 '여름철의 푸른 수풀'을 말하는 것이라 쓰여 있다.

그 만록에서 전해진 맑은 공기, 푸른 숲의 고운 모습이 참 만족스럽다. 그 만록엔 내 땀과 정성이 가득 배어있어서일까. 그리 넓은 집은 아니지만 몇 번을 이야기해도 지루하지 않은 우리 집 작은 숲이다. 삼십여 년 훨씬 넘게 가꾸며 자연을 도시 집안으로 들였다. 들꽃과 풀꽃들은 그곳에서 서로 공생하며 계절을 연출하고 시간을 쌓는다. 그곳은 내 놀이터다. 난 사색을 하며 그들과 호흡하며 보람된 나날을 보낸다. 퇴직 후의 노년을 욕심 없이 이 작은 뜰에서 보낸다. 멀리 가지 않아도 사계절을 보며 변하는 계절에서 그들과 호흡하고 세월을 엮는다.

전원주택, 오래전부터 생각해 보았지만 더해지는 내 나이에는 지금 이 집이 아주 알맞다고 생각된다. 집을 개비하라는 말을 가끔 듣지만 30년이 넘은 이곳이 내 정서엔 알맞은 집이다.

현관 진입로에 단풍나무 가지를 타고 올라가 피는 종덩굴과 큰꽃으아리도 모두 꽃봉오리를 만든다. 가끔 나뭇가지에 날아와 열매를 따 먹는 작은 새도 볼 수 있고. 그렇게 그곳에서 드나들 때마다 바라보며 눈빛으로 속삭임을 나눈다. 시간의 흐름 속에 내 삶의 모습을 접목시켜가며 하루하루를 보낸다. 나의 작은 숲 만록에서.

사회적 거리 두기

오월의 우리 집 뜰은 유난히 싱그럽다. 이곳에서 35년을 살았지만 올처럼 싱그러운 뜰은 처음 대하는 것 같다. 코로나로 인해 3월부터 지금까지 많은 시간을 집에서 보낸다. 자연히 관심은 뜰에 사는 꽃들에게 쏟을 수밖에 없지 않은가! 어수선하게 심어놓았던 꽃들을 모처럼 알맞게 자리를 옮겨 주었다. 그것은 오랜 시간을 그들과 함께 살며 터득한 것이다.

작약은 5, 6년 넘게 한자리에 있다 보니 퇴화되는 듯했다. 3월 중에 뽑아 굵어진 뿌리를 잘라주었다. 그것은 약재로 쓰인다는 정보에 굵어진 뿌리를 과감히 잘랐다. 그리고 꽃대에 붙은 뿌리만 조금 남기고 잔인한 수술을 했다. 그 때문인지 작약꽃이 아픈 사람처럼 잎도 작아지고 꽃송이도 반 정도 힘이 빠진 사람처럼 피었다. 내가 너무 비정했다는 생각이 든다. 그 꽃을 바라보는 내 마음이 아려온다. 그냥 두고 자리만 옮겨 주었으면 그렇게 힘들어하지는 않았을 텐데. 바라볼 때마다 내가 한 일이 죄스럽게 생각된다.

몸살하는 것은 또 하나, 하얀 옥매화다. 옥매화가 담 밑에서 제법 많이 자랐다. 블록 담에 금이 가고 있었다. 그것을 2월에 캐서 대문 근처 모서리에 옮겨 심었다. 한동안 잘 있는 듯하더니 날씨가 풀리자 그 많은 꽃봉오리를 피우지 못하고 시들기 시작했다. 아무래도 죽을 것 같은 생각이 들었다. 그 옥매화도 가지치기를 했다. 지난가을에 옮겨 심었으면 그런 일들이 없었을 텐데, 주인의 무식으로 나무가 수난을 당하고 있는 것이다. 비가 내리더니 잘라준 가지에서 힘을 잃었던 가지에 새순이 돋고 있다. 그리고 조금씩 힘을 차려가는 모습이 보인다.

설란은 지난 초겨울에 지하실에 옮겨놓고 겨울 동안 물을 제대로 주지 못했다. 내가 한 번도 주지 않았으니 남편이 몇 번을 주었는지 알아보니 두 번 정도 주었다고 한다. 3월 중순이 넘어 밖으로 내놓고 물을 주었지만 4월이 되어도 싹이 올라오지 않는다. 몇 번인가 겉흙을 여러 번 파 보았다. 그동안 너무 건조하게 보관하여 말랐었나 보다. 오월 중순을 넘어 비를 맞고 이제 꽃대와 함께 설란의 싹이 돋기 시작한다. 기다림, 그 긴 기다림이 없이는 꽃도 필 수 없다. 성급한 사람은 싹이 돋지 않는다고 죽었다며 모두 쏟아 버릴 수도 있었는데 참고 기다린 보람이 꽃으로 피어난다. 얼마나 큰 수확인가.

우리 뜰엔 수국이 세 곳에 있다. 하나는 담 밑, 그리고 수돗가 근처, 화분 세 곳이다. 지난해 담 밑에 있던 것과 수돗가 근처에 있던 수국은 깻잎 수국이 되었었다. 꽃이 피지 않았다. 그래서 수국 기르는 방법을 인터넷에 찾아 그 방법대로 적용해 보았다.

날마다 수국 옆에 가서 확인한다. 수돗가 근처에 있는 것은 모두 줄기마다 꽃송이를 올리고 있다. 얼마나 신기한지. 담 밑에 있는 수국은 가지가 백 개도 넘는다. 가지마다 조금씩 봉오리가 올라온다. 몇 송이가 최후로 피려는지 모르지만 계속 자라고 있다. 물도 거름도 많이 주었다. 성공할 수 있을까, 기다려 보아야지 참고 기다려야지.

올핸 내 마음이 하얗게 핀 모란처럼 화사하다. 친구네 집에서 이 년 전에 가져온 하얀 모란은 올해 넓은 잎사귀를 피우더니 기다림 끝에 하얀 꽃 한 송이를 곱게 피웠다. 얼마나 싱싱하게 잘 자랐는지 건강해 보인다. 잘사는 집에서 잘 먹은 아이처럼 싱그러운 잎과 줄기도 튼실하다. 꽃 역시 고고하게 귀족처럼 피었다. 이렇게 무언으로 그들과 대화하며 사는 것도 싫진 않다.

뒤뜰 풀더미 모으던 곳에 작은 텃밭을 만들었다. 그곳에 부추와 당귀, 취, 달래도 심어 놓았다. 이 모든 것은 코로나로 인한 시간적인 여유가 있어서 가능했던 것이다. 사회적 거리 두기로 내겐 그동안 밀어두었다 하지 못해 갈증 나던 뜰의 숙제들을 거의 해결

했다. 남편도 자주 뜰에 나와 그들의 변화되는 모습을 살피고 관심을 갖는다. 그것 또한 큰 수확이다.

이불깃

지난번 냉장고에 두었던 쌀풀을 꺼냈다. 분무기 풀은 빳빳하지 않아 쌀풀을 해서 다리고 싶어서다. 모시옷을 푸새하고 쌀풀이 조금 남아 봄에 빨아두었던 이불깃을 풀을 먹여 뒤뜰에 널었다. 하얀 옥양목에 곱게 수놓아진 꽃들이 서로 다정한 얼굴로 웃는다. 50년이 지났어도 그 웃음은 변하지 않았다. 뒤뜰 빨랫줄에 내 그리움을 건다.

이불깃은 오래전 여학교 다닐 때 가정 시간에 옥양목에다 구정 색실로 수를 놓은 것이다. 하나는 고등학교 가정 시간에, 하나는 2년 후 내가 감을 떠서 수를 놓은 것 두 장이다. 몇십 년 동안 장롱 정리할 때마다 버리지 못하고 가려둔 것이 오늘에 이르렀다. 지금도 바라보면 애착이 간다. 하얀 옥양목에 수놓은 정갈한 모습이 은근히 끌린다. 많은 시간이 지났지만 그때를 돌아보게 된다. 지금은 계시지 않지만 친정어머니를 생각할 수 있으니 잠시 행복에 젖는다.

이불깃에 수를 다 놓자 어머니는 "너 시집갈 때 가져가라."고 장롱 속에 넣어 두셨다. 내 나이 스물여덟 살 결혼할 때 어머니는 그 이불깃을 혼수이불에 꿰매어 주셨다. 지금은 이불깃이라는 단어조차 생소하다. 결혼 초 깨끗한 솜이불에 얼굴이 스쳐 때가 타는 것을 방지하기 위해 이불 위에 덧시침했었다. 세탁기도 없던 시절 얼굴이 잘 때마다 이불에 스치면 세수를 했다 해도 기름때가 시나브로 배었다. 자연히 그곳은 찌들어 쉽게 더러워졌다.

오래전 시골에서는 목화를 길러 이불솜으로 사용했다. 딸을 둔 부모들은 딸이 혼기가 차면 결혼할 때 이불솜 마련을 위해 목화 농사를 짓는 분들이 여러 집 있었다. 우리 집도 예외는 아니어서 가을마다 몇 해 동안 하얀 목화를 밭에서 수확하셨다. 그 후 멍석에 펴서 가을 햇볕에 말린 후 솜틀집에 가서 씨앗을 빼고 햇솜을 만드셨다.

그렇게 정성이 깃든 이불은 시간이 지남에 따라 변하는 침구 문화에 밀리기 시작했다. 내가 직장 생활하기에 분주하여 홑이불 푸새도 많은 신경이 쓰였다. 홑이불이 더러워지면 그것을 빨아 삶아 풀을 먹여 다려서 꿰매 사용했다. 얼마나 손이 많이 가는지, 집에서 살림만 하는 사람은 할 수 있을지 몰라도 내겐 힘겨운 일이었다. 시어머니도 이것만은 서투셨다.

몇 년이 지나자 면에 나염 되어 있는 감이 나오면서 이불 푸새하는 것은 간단하게 바뀌었다. 그 이불은 완성품으로 이불 속을 넣고 각 귀퉁이를 묶을 수 있게 되었다. 그때부터 이불깃은 장롱 서랍의 맨 아래에서 쉬고 있었다. 오십 대 후반 나이 들어가며 그것도 무거운 감이 들었다. 마침 중국 여행 갔을 때 실크 이불을 장만했다. 하는 수 없이 따듯하고 가벼운 실크 이불에 밀려 이불솜은 2층 빈방에 큰 비닐에 싸여 쓰레기 짐으로 변하고 말았다.

그렇게 여러 해를 방에서 밀려다니는 것이 마음이 쓰였다. 쉽게 버리기도 부모님께 죄스러운 마음도 들었다. 남편은 버리자, 나는 남겨두자, 그렇게 서로 의견을 주고받다 결국은 남편 말을 따라 100리터 분홍 쓰레기봉투에 넣어 버렸다. 그러나 목화솜으로 만든 요는 2장을 남겼다. 그 이불솜을 버리던 날, 비는 왜 그리 오는지 마음이 찡했다.

지난해 봄날 이불가게 사장이 우리 집을 방문했다. 두꺼운 요를 보여주었더니 현대 감각에 맞는 이불로 제작해 준다는 말을 건넨다. 그 요 두 장의 솜으로 가볍게 솜을 타서 얇은 이불과 요를 3세트씩 만들었다. 이불 제작하는 사장은 버린 목화솜이 아깝다는 말을 몇 번씩 했다. 요즈음은 지난날처럼 목화 재배를 많이 하지 않으니 그럴 수밖에 없겠지.

새로 만든 그 이불에 이불깃을 시침해 사용하니 또 애틋한 마음이 묻어난다. 아직도 부모님의 손길이 묻은 이불솜을 덮고 있어서 버린 이불솜에 대한 서운함은 조금 가시었다. 가을이 오면 빳빳하게 다린 이불깃을 이불에 시침하여 덮을 것을 생각하니 마음이 따뜻해진다.

작은 정원

이 집으로 이사 온 것이 어느덧 35년이 되었다. 쌍둥이가 초등학교 입학하던 해이니, 그 아이들이 올해 42세가 되었다. 이곳으로 이사하게 된 가장 큰 동기는 쌍둥이가 한별초등학교 입학한 후였다. 3월에 입학하고 나니 지금 중앙여고 안동네에서 학교까지는 어린아이들의 걸음으로는 가까운 거리가 아니다. 그런 것도 아랑곳없이 입학시켰으니까 다니겠지. 그렇게 내가 초등학교 다닐 때처럼 생각했다. 한 달이 채 되지 못해 쌍둥이 중 큰아이가 몸살이 났다. 등굣길이 일곱 살짜리가 너무 멀어 힘들었던 모양이다. 그때부터 나는 아이들 하교 시간에 맞춰 가방을 받으러 갔다. 그리고 남편은 집을 복덕방에 내놓았다.

그런데 내놓고 얼마 되지 않아 증평에 사시는 연세 드신 의사 선생님께서 그 집을 계약했다. 문제는 우리가 살 집을 사야 하는데 출근하는 남편은 시간이 없어 틈새 시간을 이용해 여기저기 집을 보러 다녔다. 내 주제는 그런 것은 하지 못하는 소인배이기에 엄두도 내지 않았다. 늘 입에 달고 다니는 '남향에 남문', 남편은 그것만 염두에 두었다. 하루는 안덕벌 안쪽 산밑에 있는 집이 남향에 남문이라며 나와 함께 가보자고 한다. 그때 친정아버지께서도 동행하셨다. 거의 최종으로 생각하고 갔기 때문이다. 막상 가서 보니 지하실에 물이 고인 곳인데 퍼낸 자국이 보였다. 친정아버지는 그 자리에서 그만두라고 하시면서 내가 집 짓도록 150평을 줄 테니 그 집을 사지 말라고 하셨다. 그렇게 단호하게 말씀하셔서 없었던 것으로 하고 귀가했다.

하루는 그 복덕방 주인이 골목집인 이 집을 소개해 주었다. 남동생이 한 번 다녀오더니 집이 괜찮다고 했다. 아이들 학교도 가깝고, 창문을 신경 써서 지은 집이라며 옥탑방이 있는 간이 2층집이라고 했다. 최종으로 내가 살 집이니 나도 함께 가 보자 하여 가 보았다. 내 눈길을 끈 것은 큰 거실과 꽃과 나무를 심을 수 있는 화단 공간이었다. 당시엔 목련, 대추나무, 향나무 세 그루와 담장에 빨간 덩굴장미가 있는 곳이었다. 화초를 심을 수 있는 공간이 있는 것에 제일 마음이 끌렸다. 그래서 바로 계약하고 그해 5월 초에 이곳으로 이사 오게 되었다. 그해에 교원 임용시험을 통해 학교에 나가게 되었다.

그때부터 지금까지 살면서 한정된 공간에 꽃을 심기 시작했다. 다른 이들 같으면 빈 공간에 푸성귀를 심었을 텐데 나는 꽃을 심었다. 지금은 도심 속의 전원주택과 같은 작은 면모를 갖추게 되었다. 컴퓨터 책상 앞에 앉아 창문으로 고개를 돌리면 라일락이 네모진 유리창 안으로 들어와 안긴다. 바람이 불면 꽃 잎사귀가

흔들린다. 참새, 여러 가지 새들도 놀러 온다. 현관 입구엔 커다란 주목과 단풍나무가 버티고 있다. 그리고 지하실 가는 길은 플록스를 줄로 심어 여름이면 꽃길을 이룬다. 이렇듯 봄부터 시작하면 초겨울 전까지 꽃이 끊이지 않고 계속 핀다.

아침에 일어나서 여름 뜰에 서면 작은 공간이지만 싱그럽다. 그곳에서도 숲에 온 느낌이다. 작은 집에서 작은 숲을 가꾸는 것도 쉽진 않다. 때에 맞춰 관리해 주어야 그 모습을 제대로 감상한다. 이곳이 자연처럼 그렇게 넓은 곳이 아니기 때문에 사람이 조금씩 개입해서 관리해 주어야만 자연을 도심에서 더 아름답게 볼 수 있다. 요즈음 피어있는 꽃은 프록스와 제라늄이다.

제일 인상 깊은 것은 현관 계단 옆의 단풍나무다. 20년 전에 속리산 등반 때 상주 쪽에서 올라간 적이 있다. 그때 아주 실처럼 가늘고 작은 단풍나무 두 그루를 데려다 화분에 함께 심었다. 플라스틱 화분에 심은 것을 월동하라고 벽 가까이 두었다. 직장일에 분주하여 그곳에 두고 보살피지 못했다. 단풍나무는 한두 해 지나며 그곳에 자리를 잡고 살기 시작했다. 몇 년 뒤 뽑으려 하니 뽑히지 않아 그냥 두었다. 결국 단풍나무 두 그루는 따로 자라면서 연륜이 쌓이자 한 몸이 되었다. 가을이면 아주 곱게 물들어 우리 집의 작은 정원에서 가을을 맞이한다. 워낙 가을에 물드는 산단풍이 좋아서 그 단풍을 데려온 것이다. 우리 집에 와서 제 몫을 톡톡히 해내고 있다.

머지않아 작은 정원에 올 가을을 기다리며 사는 하루하루는 내게 설렘이다.

3부

그녀의 눈빛

돌미나리

며칠 전, 동네 주변의 작은 식당에서 지인들과 점심을 먹었다. 식탁에 차려진 반찬은 모두 주인의 손으로 조물조물 무친 나물이어서 더 맛깔스러웠다. 그중에 색다른 반찬이 하나 있었다. 돌미나리초절임이다. 처음 먹어보는 반찬이라 참 맛이 독특했다. 어떻게 만든 것인지 주인에게 알아보고 한번 조리해 보고 싶은 생각이 들었다. 오찬을 나누며 주인의 설명을 귀담아들었다.

그 후 며칠이 지났다. 시장 떡방앗간 다녀오는 길이었다. 사창동 버스 승강장 옆 땡볕에서 장마당을 편 아주머니 한 분이 보인다. 미나리, 질경이, 오가피 순을 작은 보자기에 펼쳐 놓았다. 모두 시골에서 채취한 것들이다. 그중 미나리가 눈에 띄었다. 돌미나리였다. 길이도 짧고 줄기도 붉은색이 도는 모습이 햇볕을 많이 받고 자란 돌미나리다. 마음에 작은 희열이 생긴다.

그 아주머니는 내가 서서 미나리를 바라보자 2,000원이라 말씀하신다. 남은 것까지 모두 3,000원에 가져가라 한다. 약간 시들어 상품가치는 부족했지만 며칠 전 점심때 먹은 장아찌 생각에 내겐 반가운 미나리였다. 난 3,000원을 주고 남은 미나리까지 모두 가져왔다. 아주머니는 고맙다며 몇 번씩 말씀을 하셨다. 그곳을 떠나 횡단보도에서 신호를 기다리다 그곳을 바라보았다. 그때도 고맙다고 머리를 끄덕이며 나를 바라보고 손을 흔드신다. 아쉬움이 남은 듯하다.

집에 도착해 돌미나리 비닐봉지를 식탁에 펼쳐놓고 다듬기 시작했다. 줄기에 살이 통통한 것은 옆에 가려서 데쳐 저녁 나물 무침으로 정하고, 좀 가는 것은 초절임용으로 구분했다. 돌미나리를 다듬으며 어린 시절을 떠올린다. 모내기하기 전 물이 자작하고 햇빛 잘 드는 논 가장자리나 물이 조금 마른 곳엔 그런 돌미나리들이 많이 자랐다. 주로 그땐 맨손으로 꺾어 그 나물을 바구니에 담았다. 이마엔 땀이 송골송골 맺히고 머리와 등은 햇빛으로 뜨겁던 기억이 아득하다.

그늘에서 웃자란 미나리보다 그렇게 햇볕을 많이 보고 자란 돌미나리가 훨씬 더 향기도 진하다. 어린 시절에는 미나리를 먹지 않으면서 뜯는 재미가 있어 가끔 논 주변을 들렀다. 우리 집에서는 할머니와 어머니만 미나리 겉절이를 해 밥을 비벼 잡수셨다. 아버지, 나와 동생들은 미나리의 특유한 향 때문에 먹지 않았다.

그러던 미나리인데 내가 성인이 되면서 미나리의 가치를 알게 됐다. 그래서 요즈음은 재래시장을 들러 시골에서 자란 돌미나리를 주로 구입한다. 독특한 향과 여러 가지 효능을 직접 체험하기에 더 애착이 가는지 모른다. 미나리는 정화 능력이 있어 물도 맑게 해 주며, 해독작용, 변비, 관절 여러 분야에 효능이 있다. 직접 먹어보면 그 효과를 금세 실감한다.

남편이 간염으로 투병하던 30년 전이다. 남편은 쉽게 피로를 느껴 외출했다 돌아오면 눕는 것이 일상이 되었다. 눈동자에도 힘이 없고 조금만 피곤해도 눈이 충혈됐다. 손바닥도 노란색이 역력했다. 그때 간 수치가 많이 올라 걱정이 됐다. 지인들은 돌미나리가 간염에 좋다고 했다. 그래서 심지어는 이른 봄에 육거리 시장에 가서 싹이 막 돋은 뿌리 달린 돌미나리를 구입해 녹즙기에 갈아 즙을 복용하게 하던 기억도 난다. 그 효과인지 약과 민간요법을 병행하며 4년 후에 건강을 되찾았다.

초여름 내 눈에 든 돌미나리는 남편의 병도 고쳐주고 우리 집 식탁의 먹거리로 자리 잡았다. 자연에서 자란 돌미나리, 요즈음 사람들이 재배한 채소들보다 볼품은 없으나 정이 간다. 어린 시절 모두 보내고 늦은 나이에 찾아다니니 사람의 입맛은 연륜에 따라 변하나 보다.

8레인

새벽 기도를 마친 후 귀가하여 청주 종합경기장으로 발길을 옮긴다. 희미한 가로등 불을 벗삼아 찾아가는 곳, 집에서 가까운 곳으로 혼자 걷기를 하는 경기장이다. 아직 날이 새지 않아 어둡고 추워 사람들의 발길도 그리 많지 않다. 무엇하러 추운데 그곳으로 발길을 옮길까. 나와의 싸움이다.

지난해 후반기부터 갑자기 오른쪽 무릎이 걷는 데 좀 버거웠다. 계단 오르기도 힘들고 그렇게 즐겨 걷던 흥덕사지 주변의 비탈길도 매우 힘들기 시작했다. 새해 들면서 한의원에서 침으로 한방치료를 하고 겨우 제자리에서 가볍게 달리기를 할 수 있는 여건이 되었다.

바람이 차갑던 3월 이른 봄이었다. 남편은 대청댐 부근의 조각공원으로 산책을 가자고 했다. 공원 아래 차를 주차하고 공원을 올려다보니 급경사였다. 파란 하늘과 맞닿은 그곳은 나를 어서 오라고 손짓하는 듯했다. 다리가 불편해 겁이 났지만 남편 따라 조각공원까지 간신히 올라갔다.

이튿날부터 다리가 아파 집의 2층 계단은 물론 걷는 데도 비정상이 되었다. 한 발 걷고 붙이고 이런 식으로밖에 걸을 수가 없었다. 그때부터 계단 오르기를 아무것도 할 수 없게 됐다. 아프다고 그냥 두면 굳어질 것 같았다. 하는 수 없이 흥덕사지 산책길을 느린 걸음으로 있는 힘을 다해 걸었다. 그때 생각으론 일 년을 계획했다. 특별한 날 외에는 하루도 빠짐없이 산책로를 걸었다.

그렇게 몇 달이 지나니 훨씬 부드러워졌다.

지난 11월 문경새재로 구역장 위로회를 떠났다. 그곳은 거의 평지라 그리 힘은 들지 않았다. 산책로 숲에 있는 화장실만 보고 가다 그만 돌과 나무뿌리에 걸려 넘어지고 말았다. 순간 눈앞이 캄캄했다. '오른쪽 다리 또 나간 것 아니야.' 겁이 덜컥 났다. 여러 사람이 순식간에 나를 중심으로 모여들었다. '119를 불러야 하지 않느냐.' 어수선했다. "잠깐만 제가 일어나 볼게요." 차분히 마음을 가라앉히고 일어나 걸었다. 조금 불편했다. 뼈는 다치지 않았다. 다행이다.

이튿날 집 가까이 있는 의료원으로 아침 일찍 찾아갔다. 사진 결과는 오른쪽 무릎이 약간 퇴행성 관절이라고 했다. 정상은 아니리라 예상은 했었다. 의사 선생님은 수영과 실내 자전거 타기를 권한다. 집으로 돌아와 인터넷 여행을 한다. 탐색해서 내가 할 수 있는 것 중 평지 걷기를 선택했다. 이제 노년의 대열에 서서히 들어감을 감지한다.

그 후부터 산책 코스를 집에서 가까운 청주 종합 경기장으로 옮겼다. 그곳은 깔끔하게 단장된 잔디밭, 8레인의 달리기 코스, 경기를 관람할 수 있는 수많은 스탠드의 좌석들, 새벽이나 밤에 운동할 수 있게 배려한 조명등, 시간이 명시되는 넓은 전광판, 이렇게 나는 홀로지만 주변의 시설물들은 모두 친구처럼 다정하다.

달리기 코스 중에 난 8레인을 걷는다. 조금 더 걷기 위해서이다. 경기장 안내판에 1, 2, 3, 4 레인은 선수들이 주로 사용하기 때문에 일반인들은 가급적 8레인을 사용하라는 문구가 경기장 입구에 설치되었다. 조깅 신발을 신고 8레인을 걷는다. 한 바퀴 돌면 400m가 좀 넘는다. 5바퀴 돌고 마지막 한 바퀴는 뒤로 걷는다. 지인이 그렇게 걸어 아픈 다리가 나았다는 말을 들어서. 그럼 모두 2.4km 1시간 정도 되기 때문에 내겐 알맞은 운동이 된다.

그곳을 걸으며 묵묵히 내 삶을 돌아본다. 지금 8레인까지 삶의 흔적이 오진 않았는지 한번 생각한다. 그것이 노년의 대열에 들어선 전력 질주가 아닌가. 그래도 새벽 찬바람을 가르고 이렇게 걸을 수 있는 힘이 있는 것도 생각하면 얼마나 감사한 일인지. 귀찮지만 추위도 아랑곳없이 발길을 옮기면서 내 미래의 건강을 위해 있는 힘을 다한다. 내 건강을 내가 돌보지 않으면 누가 돌보랴. 어제는 뒤로 걷는 모습을 보더니 어떤 중년이 뒤로 걸으면 넘어진다는 충고를 한다. 맨 처음 걸을 땐 여러 번 넘어졌다. 벌써 몇 달째 하다 보니 이제 요령이 생겨 그리 쉽게 넘어지진 않는다.

아직도 앉았다 일어나면 오른쪽 무릎이 조금 불편하다. 국민체조할 때 다리 운동도 제대로 굽히지 못한다. 그렇지만 기대를 가지고 멈추지 않겠다. 경기장에서 바라보는 동쪽 하늘에 붉은빛이 번지기 시작한다. 하루가 또 열린다.

8레인 내 친구, 8레인 아침마다 너를 만나 하루를 시작한다.

그녀의 눈빛

섬기린초가 분갈이한 화분에서 힘겨운 한나절을 보낸다. 십여 년이 넘게 옥상에서 뜨겁게 지내다 2주 전 앞뜰로 이사를 하게 됐다. 그래서 요즈음처럼 호된 무더위도 꿋꿋이 잘 견딘다. 마치 오래전에 이 꽃을 내게 선물로 준 눈이 선한 그녀처럼 강인한 모습으로.

2주 전이다. 그날은 오랜만에 외부 일정이 없었다. 퇴직을 했어도 이렇게 하루를 온종일 쓸 수 있는 날은 그리 많지 않다. 지인들의 여러 행사가 그날은 없었다. 산책 후 대문 안 작은 뜰에 플라스틱 깔개를 깔고 앉았다. 단풍나무와 주목이 있어 그 공간이 참 시원하다. 그래서 산책 후엔 거의 편하게 앉아 쉬는 곳이다. 그땐 꽃들의 모습이 보인다. 다리가 불편해 분갈이를 해주지 못한 꽃들이 내 눈에 안기어 애원하는 듯하다.

남편이 조금 후에 들어서며 대문 밖의 화분에 심긴 해국 이야기를 한다. 16년 전 직장에 근무할 때 선물로 받은 꽃이기에 아직도 그이 마음에 남아있는 듯하다. 그때 관내 근무하던 그녀가 추석 명절 선물로 섬기린초와 해국을 내게 안겨주었다. 한창 들꽃에 심취되어 온통 마음은 그 생각들로 가득했던 때다. 그녀는 그런 내 마음을 세심하게 읽었나 보다. 어느 선물보다 마음을 읽어준 그녀가 참 고마웠다. 남편이 잊지 않고 있는 것은 특별한 선물 때문은 아니었을까.

해국은 분갈이를 가끔 해주어 큰 화분이 되어 싱싱하다. 많은 지인들에게 분양도 했다. 그러나 옥상에 있는 기린초는 뜨거운 햇빛을 받으며 고된 시간을 보냈다. 물을 줄 때 한 번씩 눈길이 멎을 뿐이었다. 그를 볼 때마다 개운하지 않은 마음이 내 기억 속에 나이테를 그렸다.

남편에게 옥상에 있는 초벌구이만 된 섬기린초 화분을 내려 달라고 부탁했다. 남편이 내려온 기린초 화분은 생명이 다해 가는 사람처럼 초췌했다. 땡볕에서 물도 제대로 못 먹고 모질게 살아 키도 크지 않았다. 줄기는 때가 꼬질꼬질 묻어 겨울바람에 갈라진 아이의 손등 같았다.

먼저 물부터 듬뿍 주었다. 10여 분이 지난 후 화분을 거꾸로 들어 보았지만 꿈쩍도 않는다. 얼마나 단단한지 작은 호미로 흙을 쪼아도 부분 흙만 떨어진다. 흙과 기린초가 엉겨서 아주 딱딱하다. 죽지 않으려 흙과 함께 온갖 힘을 다해 보낸 시간들이 그 모습에 역력히 남아있다. 내 무심했던 마음이 개운하지 않았다.

남편과 마주 앉아 기린초 화분을 가운데 두고 서로 이야기가 오간다. 소중한 마음을 내게 주었던 그녀의 이야기로 꽃을 피운다. 그녀는 그때 가정적으로 어려움이 있었다. 얼굴빛이 매우 어두워 마음으로 다가가자 햇병아리 담당자인 내게 가정의 문제들을 실타래처럼 풀어놓았다. 그녀의 답답한 마음을 묵묵히 들어주었다. 그 후부터 그녀의 눈빛이 살아나고 어두웠던 얼굴에 생기가 돌기 시작했다. 그녀는 열심히 근무하며 학습자료 제작도 우수한 성적으로 입상했다. 부족한 나의 배려로 변하는 그녀의 모습에 감사한 마음이 들었다. 지금 생각하니 직장 생활하면서 가장 보람 있던 시간이었다.

물을 부었던 화분이 아직도 단단하다. 하는 수 없이 다시 호미로 가장자리를 돌려가며 찍었다. 내 힘이 부족해 남편이 힘을 주어 조금씩 파냈다. 전지가위로 묵은 줄기를 모두 잘라냈다. 내가 그 일을 하는 동안 남편은 화분의 흙을 쏟아 군데군데 뭉쳐있는 작은 뿌리들을 골라내었다. 남편과 함께하니 훨씬 수월했다.

내 손을 거쳐 다듬어진 그 꽃을 가지런히 놓는다. 높이가 좀 낮은 화분에 정성 들여 섬기린초를 심었다. 그 꽃을 심으며 한동안 잊혔던 그녀가 생각났다. 꽃을 심어 가져오며 얼마나 마음이 설레었을까?

살아가며 작은 것을 마음에 담아 전하는 것은 그리 쉽지 않다. 그곳에 지인의 작은 정이 담겼기에 많은 시간이 지났어도 맑은 물에 노니는 물고기처럼 선명하다.

그렇듯 기린초에 머물렀던 그녀의 사랑스러운 눈빛이 오늘은 유난히 초록 잎에 반짝인다. 세속에 물들지 않은 고운 그녀의 마음이 먼 산에 피는 뭉게구름처럼 싱그럽다.

까치들끼리

유치원을 순회하던 중 느티나무 밑에 검은 물체가 보인다. 사지가 늘어진 까치 한 마리가 배수구 철판 위에 누워있다. 자세히 보니 죽어 있다. 왠지 애처로운 생각이 든다. 만질 수가 없다. 기사님께 묻어줄 것을 부탁하고 애석한 마음으로 묵묵히 까치를 들여다본다.

느티나무 꼭대기에서는 까치 두 마리가 계속해서 울고 있다. 어찌할 줄 모르는 듯 이 가지에서 저 가지로 날아다니며 계속 운다. 부리로 찍을 듯이 내가 서있는 곳을 사납게 보고 있다. 내가 범인인 줄 아는 모양이다. 까치는 탄식이라도 하듯이 느티나무 굵은 기둥을 계속 부리로 쪼며 앙칼지게 운다. 사람이 땅을 치고 우는 것처럼. 자기 동료의 죽음을 매우 슬퍼하며 울고 있는 것만 같다.

시간이 지난 후 그곳에 가 보았다. 느티나무에서 울던 까치도 어디로 날아갔는지 보이지 않는다. 기사님은 나무 밑에 깊게 파고 시체를 묻어 주었다고 했다. 동료인지, 아니면 새끼인지 모르지만 죽음 앞엔 사람이나 동물들도 애석한 감정은 모두 마찬가지가 아닐까. 생명을 가진 것은 언젠가 한 번 왔다 가는 것은 정한 이치이긴 하지만. 서럽게 울던 까치가 동료의 모습이 보이지 않으니 포기하고 다른 곳으로 날아간 것 같다.

어느 해 가을이었다. 남동생네 밭에서 땅콩 농사지은 것을 함께 수확했다. 그곳에서 나누어준 땅콩을 씻어서 우리 집 옥상에 널었다. 집안일을 하다 까치 소리가 나서 옥상에 올라가 보았다. 까치

한 마리가 땅콩을 부리로 쪼아 먹고 있다. 얼른 까치를 쫓고 내려왔다. 거실에서 컴퓨터로 작업을 하고 있는데 까치 소리가 내가 내려온 후에도 계속 들린다. 이웃집 지붕에 있던 까치도 깍깍거리며 우리 집 옥상으로 날아드는 것이 보인다. 옥상으로 재빨리 올라가 보았다. 한 마리가 여러 마리를 불러들였다. 땅콩 양도 좀 줄었다. 네 마리가 땅콩에 달려들어 부리로 쪼며 먹고 있는 것이 아닌가? 영리한 까치는 내가 내려간 사이에 동료들을 소리 신호로 불러들인 것이다. 하는 수 없이 땅콩을 말리던 자리를 접어 가지고 내려왔다. 내려오면서 '까치가 의리는 있구나 저 혼자 먹지 않고 동료들을 불러 함께 먹고 있었으니.' 미련한 사람보다 한 수 위라는 생각이 들었다.

까치의 속성은 사람들이 아는 것처럼 그렇게 연약하지 않다. 막내에게 면회를 갔을 때였다. 연천 전방부대 연병장에 독수리 한 마리가 나타났다. 기품 있게 큰 날개를 펴고 연병장을 돌고 있었다. 동물원이 아닌 곳에서 처음 보는 독수리여서 호기심에 그 광경을 뚫어지게 바라보았다. 그때 주변을 날던 까치들이 연병장으로 모여들었다. 까치들은 집단으로 독수리를 공격하기 시작했다. 결국은 독수리가 포기하고 날아가 버렸다. 상식선에선 독수리가 크고 용맹스럽기 때문에 까치와는 비교도 되지 않을 것 같았다. 그런데 여러 마리가 협력하니 큰 독수리도 별수 없이 쫓겨가는 것을 목격했다.

또 한 번은 감나무 언덕에서 늦가을의 정취에 빠져있을 때 매와 까치가 영역 싸움하는 것을 보았다. 매가 하늘 공간을 돌고 있을 때 까치 두 마리가 날아왔다. 매는 홀로 그 공간을 돌면서 까치를 내쫓으려 안간힘을 쓴다. 하지만 결국은 까치 두 마리에게 공격을 당하더니 포기하고 매는 다른 곳으로 날아갔다.

느티나무 위에서 죽은 까치를 보며 부리로 나무 기둥을 계속해서 쪼아대던 까치를 생각한다. 그리고 동료들을 불러들여 땅콩을 함께 먹은 까치가 마음속에 좋은 기억으로 남는다. 까치는 까치들끼리 사람보다 한수 위의 새가 아니던가.

육거리시장

"아줌마, 오이 사세요. 지금 우리 밭에서 금방 따왔어요."

사람들의 드나듦이 번잡하다. 그 틈새를 빠져가는 내게 눈이 마주쳐 온다. 때 묻지 않은 웃음이 발길을 잡는다. 아주머니는 그 말을 하고 수줍은 듯 날 바라본다. 그녀 앞에 발길을 멈추었다. 신문지에 나란히 놓인 작은 오이 세 개. 보기에도 연한 것이 맛있어 보인다. “주세요, 아줌마.”, 그는 검은 비닐봉지에 오이를 넣는다. 1,000원을 건네주자 소쿠리에 담긴 작은 오이 2개를 덤으로 넣어준다. “고마워요, 아줌마.”

한 달에 몇 번은 이른 새벽 육거리시장을 들른다. 주로 주말 새벽이다. 새벽예배를 다녀오다 그곳을 들른다. 그곳에 가면 나른해진 삶에 활력소를 얻는다. 사람들이 많아 서로 부딪치는 것은 필수다. 왁자지껄 많은 사람들의 소통으로 활기가 넘친다. 배추를 가득 실은 트럭, 비켜라 눌러대는 클랙슨 소리, 물건을 흥정하는 많은 사람들, 온통 정신 나간 불난 집 같다. 그곳은 사람들의 삶이 정직하게 묻어나는 생활터전이다. 트럭, 장마당에 나란히 한 무더기씩 펼쳐진 푸성귀, 젊은이부터 노인까지 와글와글 한 덩어리가 된다.

오늘 구입한 것은 애호박 3개 2,000원, 참외 7개 5,000원, 오이 3개 1,000원, 열무 2,000원 아기배추 1,000원 모두 만천 원이다. 참외는 매주 사다 보니 1개를 덤으로 준다. 손끝에 묻어나는 정이 있는 것이 육거리시장의 매력이다. 싱싱하고 사람 사는 냄새가 나는 곳, 그곳을 다니다 집 근처 마켓을 가면 가격도 비싸고 싱싱함도 덜하다. 육거리 재래시장은 금방 생산지에서 가져온 따끈따끈한 물건들이기에 많은 사람들의 발길을 끌어들인다.

하루 종일 친구가 준 미나리를 다듬어 삶고, 아침에 구입한 열무 · 배추 · 물김치 담그고 행동이 느려 오래 걸린다. 퇴직 후 살림을 새로 배우는 듯하다. 언제 순조롭게 살림을 할 수 있을지? 컴퓨터 앞에서 업무 보는 것보다 더 어려운 것이 집안 살림이다. 한두 가지가 아닌 여러 가지를 천천히 배우고 있다. 나이 70이 넘어서.

육거리시장에 가면 늘 생각나는 것, 어머니 생각이다. 어머니는 소똥 거름으로 집에서 가까운 텃밭에 부추를 키우셨다. 큰어머니 댁은 오빠들이 젖소를 여러 마리 길렀다. 사골의 작은 목장이었다. 초식동물인 소는 배설물까지도 푸성귀를 키우는 데 요긴하게 쓰였다. 소똥을 가져다가 집 두엄탕에서 발효시켜 거름으로 사용했다.

아버지는 뒷밭에 긴 고랑을 타셨다. 그곳에 많이 자란 부추 포기를 조금씩 갈라 심으셨다. 그리고 풀 한 포기 없이 깨끗하게 밭을 일구셨다. 많은 정성을 들였다. 깔끔하신 어머니는 솔부추가 자라면 밑동 가까이 베었다. 그것을 가지런히 다듬어 깨끗하게 씻어서 한 단씩 묶었다. 눈에 얼른 띌 수 있게 하셨다. 내가 어린 나이에 보아도 예뻤다. 그래서인지 솔부추가 싱싱하고 때깔이 좋아서 시장에만 가져가면 금세 매진되었다. 나중에는 아버지께서 더 많은 양을 키웠다. 손수레에 담아 우리 집에서 십 리도 훨씬 넘는 육거리시장까지 가서 판매하셨다. 그렇게 삼 남매 학비를 마련해 주신 장터다. 두 분 다 가시고 계시지 않지만 좌판을 편 사람들을 보면 부모님이 생각난다. 그때 그 모습을 보지 못했지만 어머니가 앉아계시는 것 같아 마음이 애잔하다.

아침 일찍 그곳까지 와서 판매하여 푼돈 모아 가정경제를 꾸려가는 이들. 어머니의 모습 같아 정이 기운다. 그래서 더 달라 말하지 않는다. 그러나 대다수 사람들. 수고한 손으로 덤으로 집어준다. 정직함이 묻어나는 보물 같은 삶의 샘터, 육거리시장 청주의 명물, 그래서 청주 시티투어에도 육거리시장이 포함된 관광명소로 자리 잡았다.

야외 스케이트장 언덕에서

청주 체육공원을 산책한다. 스피커에서 들리는 노랫소리에 걷던 발길을 멈춘다. 〈러브 스토리〉 주제음악 〈눈싸움〉이 경음악으로 야외 스케이트장의 분위기를 한층 돋운다. 몇 년 전부터 청주시에서 이곳 야구장 아래 주차장에 12월 겨울이 시작되면 야외 스케이트장과 썰매장을 조성한다.

이곳은 연인들과 아이들의 겨울 놀이터다. 스케이트장 옆엔 작은 아기들이 탈 수 있는 썰매장도 곁들여 있다. 그곳을 바라보며 발걸음을 옮기는 내겐 잠시 20대 초반의 싱그러운 기억이 선명해진다. 젊은 부모와 함께 온 아이들로 스케이트장은 빈틈이 보이지 않는다. LA에 사는 손녀 생각도 난다.

1970년대가 막 시작되었을 때다. 20대 초반에 난 산골초등학교 교사로 발령을 받았다. 버스도 하루에 한 번씩 다니는 산마을에서 처음으로 교직 생활이 시작했다. 아직 제대로 된 어른도 아닌, 철 덜 든 아가씨로 교육자의 생활이 시작된 셈이다. 고학년들은 새내기 여교사에게 관심이 많았다. 점심시간이 되면 교실 유리창 밖에서 나를 바라보고 눈이 마주치면 숨고 하는 고학년 학생들이 여러 명이 있었다.

겨울방학이었다. 교육청에서는 겨울 운동으로 스케이트 활동을 권장하는 공문을 학교로 보냈다. 학교에서는 교문 진입로에 있는 직사각형의 논에 물을 대어 체육선생님의 주선으로 야외 스케이트장을 만들었다. 학교 교문 앞에 직사각형의 썰매장이 생겼다. 그러자 마을 아이들이 모여들기 시작했다. 꼬리연을 날리는 아이, 집에서 아빠가 만들어준 썰매를 가져오는 아이, 그곳에서 팽이를 돌리는 아이들로 활기가 넘쳤다. 겨울에 산골에서는 놀이 장소도 특별히 없었다. 그러던 차에 그곳은 마침 아이들의 마을 놀이터가 되었다.

직원들은 단체로 스케이트를 구입했다. 그것으로 직원 연수를 계획했다. 운동신경이 좀 무딘 난 서툰 동작으로 계속 넘어졌다. 오뚝이처럼 다시 일어나 아픈 엉덩이를 만지며 스케이트 연습을 계속했다. 겁쟁이 새내기 교사는 두려움이 앞섰다. 계속 엉덩방아 찧기를 여러 번 거듭하며 며칠이 지나자 서툰 모습으로 스케이트를 탔다. 그 모습을 바라보던 남자아이가 하나 있었다. 학교에서는 못 보던 아이였다. 아이들은 서울로 전학 간 윤 씨네 큰손자라고 했다. 5학년 때 서울로 전학 갔다 친가에 내려와 겨울방학을 보내고 있다고 한다. 그 아이는 스케이트를 타고 싶은지 뚫어지게 바라보면서 논 가장자리에 서 있었다.

산골에는 스케이트 가진 아이들도 별로 없었다. 얼마 동안 연습하다 나도 쉴 겸 벗어서 빌려주었다. 그 아이의 발에 얼추 맞았다. 아이들이라 그런지 몇 번 뒤뚱거리더니 금세 서서 타기 시작했다. 그날 저녁, 할머니께서는 손자 스케이트 빌려주어 고맙다고 양은 주전자에 감주를 담아 보내셨다. 그 후에도 방학이면 할머니 댁에 내려와 겨울 방학을 보내곤 했다. 그때 산골에 남아 있던 그 아이는 동창들과 함께 내 자취방에 몰려와 놀다가 가곤 했다. 그곳에서 4년 반의 긴 시간이 가고 제천 시내로 근무지를 옮기게 되었다. 헤어짐이 아쉬워서 사진관에 가서 기념사진도 찍었다.

그 아이는 그 후에도 내 자취방에 놀러 온 남동생과도 친해져서 군부대까지 면회도 가곤 했다. 그렇게 시작된 처음 만남은 산마을을 떠나온 후에도 얼마 동안 지속됐다. 남동생은 군에서 모은 용돈도 그 아이에게 맡기고 그렇게 친형제처럼 지냈다. 마치 친동생처럼 그런 시간들을 보냈다. 제천으로 근무지를 옮기며 그 이듬해 난 결혼을 하게 되었다. 어느 날 고등학생이 된 그 아이는 시골 내려가는 길에 나를 보고 가겠다고 해서 시외터미널에서 잠깐 얼굴을 보았다. 어렸던 그 아이는 많이 자랐다. 그렇게 가끔 내 생각

속에서 언듯언듯 생각이 났다. 남동생을 통해 내 연락처를 알았는지 직장에 사표를 내고 쌍둥이를 기르고 있을 때 우리 집을 찾아왔다. 남편은 내게 가게에 가서 술안주와 소주를 사 오라고 했다. 나는 그런 쪽으로는 전혀 알지 못해 남편이 하라는 대로 해서 상을 차려 주었다. 그 아이는 남편과 함께 이야기를 하며 시간을 보냈다.

그 후 그 아이 동창생들을 통해 소식을 들었다. 어머니가 돌아가셨다는 것과 몇 년 후 아버지마저 돌아가시고 지금은 결혼하여 가정을 꾸려 딸과 세 식구가 함께 살고 있다고 했다. 시골에 사셨던 정 많으신 조부모님도 모두 돌아가시고 2년 전 우리 집에 들렀던 제자를 통해 서울에서 통닭집을 운영한다고 했다.

간이 스케이트장을 지날 때마다 풋풋했던 그때가 언뜻언뜻 생각난다.

빨간 노트북

아침 바람이 제법 차다. 가을이 가까이 오고 있다. 남편이 빨간 노트북을 가지고 삼성 대리점에 갔다. 지난해 미국에 있는 큰아들 내외가 생일 선물로 보내준 것이다. 글 열심히 쓰라 보내준 것이리라. 사용 방법이 서툴러 한동안 그냥 두었던 것이 몇 달이 지났다. 남편이 큰 맘먹고 간 것이다.

교회에 다녀온 후 거실에 들어섰다. 남편은 빨간 노트북을 식탁에 놓고 만지고 있었다. 이제 내 때가 되었구나 생각했다. 칼럼 쓰는 일을 마친 후 4년이 다 되어간다. 그 후부터 글쓰기가 어려워졌다. 자신이 스스로 한다는 것은 매우 어려운 것이다. 그렇게 지내다 보니 일기 쓰는 일도 멈추었고 나 자신의 모든 에너지가 소진된 느낌이다. 게다가 컴퓨터까지 말썽이 생겨 그렇게 되었다.

대학원에 다닐 때 지금 사는 집을 리모델링을 했다. 잠시 아파트로 숙소를 옮기고 석 달 동안 그곳에서 살았다. 당시엔 컴퓨터 몸체가 좀 컸다. 임시로 가서 지내는데 짐이 될 것 같아 컴퓨터를 창고에 보관하고 노트북을 잠시 사용했다. 그래서인지 노트북 사용이 어색했었는데 금세 적응이 됐다. 리포트 작성할 때 노트북을 가끔 사용해본 경험이 있기에 그리 생소하진 않다. 다시 그때로 돌아간 느낌이 든다. 새로운 마음으로 다시 메마른 마음에 불을 붙여보자. 동시반에서 수강도 하고 이제 학기도 끝났으니 다시 마음에 불을 지펴야겠다.

얼마 전부터 거실에 사용하는 컴퓨터가 말을 제대로 듣지 않는다. 작성한 원고를 보내려고 첨부파일을 클릭하는 사이에 계속 에러가 발생했다. 한 번은 한 시간을 넘게 그런 일이 지속되었다. 도저히 컴퓨터를 사용하다 보니 일이 제대로 추진 되지 않았다. 마감 날짜는 다가오는데 작성한 원고를 발송할 때마다 몇 시간씩 소요되는 동안 신경만 날카로워졌다. 미국에 있는 큰아들네와 통화하다 이 이야기를 했다. 아마 그때 아들은 생일선물로 정한 것 같다. 엄마가 글을 쓰니까 노트북을 선물로 보내준 것이다. 그 마음이 살갑다. 일기를 쓸 때도 컴퓨터를 사용하니까 훨씬 힘이 덜 든다. 자판만 누르면 되는 거니까. 그런데 나이 들면서 손가락에 힘이 없어져서 자판을 누르는 기능도 낮아진다. 받침과 철자법이 많이 틀린다. 일기를 써놓고 그 이튿날 읽어보면 틀린 글자가 여러 곳에서 나온다.

내가 가장 많이 하는 작업은 매일 일기 쓰는 것이다. 이 작업은 중학교 입학하면서부터 조금씩 했다. 중3 때 국어 선생님께서 일주일에 한 번씩 일기 검사를 하셨고 한자 연습해서 열 문제씩 시험 보게 하셨다. 그때는 야속했다. 왜 우리 반만 귀찮게 그렇게 하는지를. 시간이 많이 흐른 후 선생님의 그 진실을 그 마음을 이해할 수 있었다. 그때 습관화된 일기 쓰기가 지금도 지속되고 있는 것이다. 생각하면 얼마나 감사한지….

결혼할 때 동생은 내 일기장을 찾아 모두 묶어서 내게 주었다. 지금도 주방 옆 작은 방 책꽂이에서 일기장은 가끔 나를 부른다. 그것을 펼치면 아주 오랜 기억 속에 있던 내 삶이 고스란히 펼쳐진다. 결혼 생활을 시작하고 아이들을 키우며 나만의 공간이 주어지지 않아 몇 년 동안 공백의 상태가 지속되었다. 그리고 50대부터 조금씩 일기를 다시 쓰기 시작했다.

일기 속에 삶의 사색이 고스란히 묻어있어서 가끔 글을 쓸 때 그곳에서 꺼내서 사용한다.

일기를 쓸 때마다 올바르게 지도해 주신 그 선생님께 고마움을 많이 느낀다. 나도 미국에 사는 손녀딸들에게 일기를 쓰도록 이야기해 주었다. 일기를 쓰며 우리말도 은연중에 공부하고 몸은 미국에 살고 있지만 한국사람임을 심어주기 위해 작은 것을 실천해보도록 요청했다.

고희가 가까워오는 노년에 노트북과 함께 지낸다는 것이 얼마나 행복한가! 이 희열이 오래갔으면 좋겠다. 식탁에 앉아 자판을 누르니 새 힘이 솟는다. 역시 연필보다는 자판이 내겐 더 익숙하다. 많은 시간을 행정 경험으로 늘 친구처럼 함께했던 컴퓨터. 아이들에게 고맙다. 마음 써서 보내준 빨간 노트북이 가을에 물든 단풍 빛깔처럼 곱다. 빨간색을 좋아하는 내게 안겨준 생일선물. 내 손에 힘이 스러질 때까지 열심히 쓰리라. 나의 마음을 가을 단풍처럼 고운 빨간 노트북에 날마다 가득히 채우리라.

손녀의 꽃다발

거실 한쪽엔 핑크색 카네이션 꽃다발이 하얀 도자기 꽃병에 정갈하게 꽂혀있다. 손녀가 전해 주어서인지 남편은 유심히 그 꽃에 관심을 둔다. 작은 꽃이 남편의 마음을 사로잡았다. 바비인형처럼 귀여운 손녀 온유가.

교회에서 주일 저녁에 '장로의 밤' 행사가 있었다. 남편은 악기 연주 합주 중에 색소폰을 연주했다. 연주를 마치고 내려올 때 온유가 할아버지께 카네이션 꽃다발을 드렸다. 온유는 이제 막 유치원에 입학한 손녀다. 꽃다발을 받아 든 남편의 입이 귀에 걸렸다.

남편은 아이들의 행사 때 내가 손녀에게 줄 꽃다발을 준비하는 것을 별로 탐탁하게 여기지 않았다. '꼭 그렇게 해야 되는 것이냐.'는 말을 자주 했다. 어제는 달랐다. 꽃을 받아 든 순간 기분이 매우 좋았던 모양이다. 남편은 집에 와서 연주하고 꽃다발 받은 사람은 자신뿐이라며 싱글벙글 얼굴이 환하다. 그것도 피붙이인 귀여운 손녀딸이 전해주었으니 얼마나 기분이 좋았을까? 아마 며느리가 준비하여 온유에게 시켰을 것이다. 그렇지 않아도 남편이 연주하는데 꽃을 준비해야 하지 않을까 하는 마음의 갈등도 있었다.

지난해 연말과 연초에 손녀딸 공연을 볼 기회가 있었다. 학습발표회 공연장에서 첫인사를 영어로 하게 되어 손녀에게 어울리는 작은 꽃다발을 준비하여 전달했다. 그런데 손녀딸은 꽃에는 관심 없고 형광불빛 반짝이는 작은 조형물에 더 관심이 많았다. 그래서 그것을 하나 더 사주었던 기억이 난다.

내가 졸업할 때 빼고 다른 사람에게 꽃다발을 받은 것은 고등학교 졸업한 후 어느 가을날 친구가 사 온 국화 꽃다발이었다. 친구는 자주색과 노란색을 국화 꽃다발과 내가 글을 쓸 수 있는 무지 노트 세 권을 예쁜 포장지에 싸서 전해 주었다. 내 생일날. 선물로 받은 그때 그것은 40년이 넘었지만 잊히지 않는다. 뜰에 국화가 피면 그를 다시 생각하며 사색의 시간을 갖는다. 지금도 그 친구를 만날 때마다 그 이야기를 곱씹는다.

한 번은 몇 년 전에 근무하던 기관에서 다른 곳으로 발령이 났다. 그때 내 책상 앞에 놓였던 꽃다발을 잊을 수 없다. 아침 출근하여 사무실 문을 열었다. 내 책상 위에 하얀 안개꽃에 싸인 꽃다발이 하나 놓여 있다. 꽃다발은 하얀 안개꽃과 빨간 장미로 아담하게 포장된 정갈한 꽃다발이었다. 꽃 속에 메모로 된 작은 쪽지에는 "장학사님 얼굴을 뵈면 눈물이 나올 것 같아 그냥 갑니다. 안녕히 가세요."라고 적힌 사연이었다. 순간 눈물이 핑 돌았다. 즉시 그녀에게 감사 전화를 걸었다. 출근하며 그녀는 준비한 꽃다발을 놓고 간 것이다. 살아가며 그렇게 마음을 울리는 고운 정도 있기에 살맛 나는 세상은 아닐까. 30년 가까이 되었지만 그 기억은 아직까지 그림처럼 생생하다. 그리고 그 교사가 어디에 살고 있는지 궁금하다.

꽃은 사람의 마음을 선하게 해 준다. 아무리 마음이 사악한 사람이라도 꽃을 보면 저절로 기분이 좋아진다. 그래서 꽃은 사람이 살아가는 데 보이지 않는 공기 같은 역할을 하는 것 같다. 오래전부터 꽃을 좋아하여 농촌에서 자란 나는 늘 겨울에 꽃을 가까이 두고 살았다. 봄에 피는 진달래로 시작하여 겨울 개울가를 지키는 버들강아지까지.

온유가 할아버지에게 전해준 꽃다발을 생각한다. 내 삶을 사색해보는 기회를 갖는다. 손녀 자랑하는 사람들의 마음도 알게 된다. 피붙이가 무엇인지 조건 없는 정으로 이어진 가족의 끈도 생각한다.

또한 내가 다른 기관으로 발령났을 때 책상 위에 놓였던 짧은 편지와 꽃다발, 그리고 가을날 내 생일 때 시골길을 걸어와 전해

준 친구의 꽃다발, 시간은 지나 나이테를 그리지만 마음을 담아 전해준 따스한 정은 고스란히 가슴에 담긴다.

조릿대의 품

흥덕사지 산책길에 접어든다. 숲 사이로 난 산책로에 사철 푸른 조릿대가 눈에 담긴다. 소나무 아래 묵묵히 자신들의 영역을 넓혀 간다. 조릿대는 변함없는 푸르름으로 사계절을 한결같이 물들인다. 처음 산책로에 오던 날 조릿대의 영역이 넓어져 많이 놀랐다. 이곳을 다닌 것이 10여 년이 훨씬 넘었는데 이런 모습은 처음이다.

무릎이 불편해 몇 년 동안 공백기가 있었다. 올 들어 코로나의 거리 두기 실천으로 다시 산책하기 시작했다. 무릎도 조금 호전되어 가능한 것이다. 한동안 뜸지만 계속 걸었다. 달라진 것이 있다. 동쪽 산책길 소나무 아래쪽이 조릿대로 가득하다. 그동안 오지 않아 오래전 모습만 내게 남아 있었다. 최근에 와서 보니 영역이 많이 넓어졌다. 초록빛이 숲을 가득 채운다. 소나무와 공생하며 살아가는 조릿대의 모습이 참 넉넉해 보인다. 보기 좋다.

더불어 사는 모습이 요즘 들어 바라보니 달리 보인다. 함께라는 말처럼 마음에 와 닿는 말이 쉬운 듯하면서 가장 어려운 것은 아닐까. 코로나 바이러스로 삶의 단절이 우리 생활 주변 곳곳에 도래된 요즈음 그 의미가 더욱더 깊다.

그 둘레길을 산책하며 조릿대가 무리 지어 사는 숲 안을 자세히 살핀다. 그곳에는 조릿대만 사는 것이 아니다. 사람들의 눈에서 멀어진 도토리 싹, 바람에 날아가다 그곳에 멈춘 아기단풍나무 어린싹들, 고들빼기, 우슬, 이름 모를 잡초들, 조릿대는 그들을 다 품어주며 푸름의 영역을 넓혀간다. 나만, 우리만을 고집하지 않고 모두를 다 품는다. 거기서 살게 된 사연이야 다 다르겠지만 그들은 바람의 방랑길에서 그곳에 둥지를 틀고 싹을 틔운다. 새의 분비물을 통해서 살게 된 식물들, 바람결에 날아와 정착한 것들, 먼저 왔다고 내 땅 우리 땅이라고 무시하지 않는다. 함께 산다. 조릿대의 보호 속에 그곳에서 제법 예쁜 모습으로 당당히 자란다.

봉명동 주변에는 외국인들이 많이 산다. 마치 해외에서 유입된 다문화 가족들처럼 그곳에 모여 사는 모습이 내 마음에 와 닿는다. 잠시 서서 숲의 모습을 바라보며 다문화 사람들의 모습을 떠올린다. 타국에 정착하여 사는 삶이 얼마나 고단할까? 문화가 다른 타국에서 적응하기까지의 그 고된 과정이 체험은 하지 않았지만 매우 힘들 것으로 생각된다. 타국에 살고 있는 우리 아이들 생각에 더 마음이 쓰인다. 우리 아이들도 처음에 타국에서 그런 과정을 통해 정착하는 과정이 얼마나 고단했을까.

사람들은 나부터 배타적이다. 나만을 고집하고 우리 속에 타인을 품지 못한다. 그래서 북한 새터민들이나 타국에서 유입된 난민들, 함께 살지 않으려 많은 애를 쓰며 기피한다. 우리 사람들과는 달리 자연은 함께를 실천하고 있지 않은가? 그 모습이 내 발길을 잡는다. 한동안 물끄러미 바라본다. 그러면서 폭넓은 조릿대가 위대해 보이는 것이 아닌가! 한 바퀴 돌 때마다 함께 사는 식물들을 서서 바라본다. 그 좁은 곳에서 함께 살며 그들은 다투지 않고 있는 그대로 자신을 연출하며 살아간다. 말없는 자연은 나에게 무언의 교훈을 전해 준다. 날마다 오는 이곳인데 며칠 전부터 그 모습이 마음에 와 닿는다. 그래서 내 발길도 그곳에 멈추어 한번 더 바라본다.

조릿대는 겨울에도 푸르름을 그대로 유지하며 추운 겨울을 보낸다. 하얀 눈도 거센 눈보라도 묵묵히 숲을 이루며 견디어 낸다. 그러면서 색깔도 변하지 않고 푸르름으로 그 영토를 조금씩 넓혀 간다. 말이 없다. 무언의 실천으로 자신의 영역을 넓혀가며 다른 식물들도 함께 품으며 더불어 살아간다. 다른 이에게 내어주면 내 영역이 줄어들지 않을까. 그런 염려하지 않는다. 묵묵히 다른 식물들까지 함께 품고 더불어 살아간다.

흥덕사지 산책길엔 늘 푸른 조릿대가 있다. 사계절 동안 다른

나무들은 모두 싹이 돋고 단풍 들고 꽃잎이 떨어지지만 조릿대는 묵묵히 초록빛의 그 고고함을 변함없이 유지한다. 소나무와 함께 살고 있다. 늘 푸른 모습으로 추운 겨울 찬바람 속에서도 변함없이 그 모습 그대로 유지하며 살아간다. 나는 그런 조릿대의 모습이 마음에 와 닿는다. 나도 조릿대의 모습으로 살고픈 마음이 든다. 부족한 사람이지만 자연 속의 이름 없는 잡초처럼 내 작은 부분을 지키며 살고 싶다. 조릿대 속에서 자란 상수리나무 어린싹이 살랑살랑 산들바람에 흔들린다.

포기는 배추 포기 셀 때만

아침 식사를 하지 않고 산책길에 올랐다. 산책로는 모두 초록빛이다. 초록을 떨치면 그 속에서 봄에 피었던 꽃들이 튀어나올 것만 같다. 분홍 진달래, 연분홍 벚꽃, 다홍색 모과꽃, 파란색 봄까치꽃, 빨간 명자나무꽃…. 봄의 정경들이 초록 속에 곱게 펼쳐진다. 나만의 눈으로 볼 수 있는 초록 영상이다.

이 숲에 매일 오지만 오늘은 좀 특별하다. 산책길을 중심으로 소나무와 단풍나무, 상수리나무가 주류를 이룬다. 나무 기둥은 진한 갈색으로 중후한 멋을 드러낸다. 아무 말이 없는 숲인데 내 발길은 어느새 그곳으로 간다. 보슬비까지 내리니 금상첨화다. 유난히 비 내리는 날을 좋아한다. 몇 번을 말해도 지루하지 않은, 비가 내리면 들떠있던 마음이 평안해진다. 잔잔한 빗줄기처럼 그렇게 내 마음에도 초록비가 내린다.

비는 먼지를 씻어주는 것도 있지만 갈급했던 식물들의 생명에 생기를 불어넣어 준다. 갈증을 해소시킨다. 시들어 가던 식물이 물을 주면 기운을 차리고 굽었던 줄기는 꼿꼿이 선다. 왜 새벽부터 걷기에 집착하는가? 거기엔 다 이유가 있다. 남이 알지 못하는 불편함이 있어 피곤을 무릅쓰고 걷기를 하지 않는가.

흥덕사지 산책로를 걸으며 난 그간의 내 몸상태를 생각해 봤다. 퇴직하기 전에는 가끔 그곳을 산책했다. 퇴직 후 가을에 접어들며 아침마다 그곳에 가서 도토리 줍는 재미로 지냈다. 도토리는 평지에만 있는 것이 아니었다. 비탈 아래 떨어진 것, 나뭇잎 속에 숨겨진 것, 가끔 내 발 앞에 떨어지는 것, 상황과 형편에 따라 다르다. 그렇게 어렵게 주운 도토리를 모아보니 한 말이 넘었다. 그것을 방앗간에 가지고 가서 빻았다. 욕실에서 도토리 빻은 것을 불렸다. 그리고 도토리묵을 쑤어서 주변 지인들에게 나누어 주었다. 덕분에 욕실 타일의 하얀 이음새 줄이 도토리를 불린 탄닌 물이 들어 갈색으로 변했다. 닦아도 지워지지 않았다.

갑자기 오른쪽 무릎이 아프기 시작했다. 비탈을 무리하게 걸어서인지 견디기 힘들었다. 처음 있는 일이어서 어떻게 해야 할지 망설였다. 하는 수 없이 한의원에 가서 침을 몇 주 동안 맞고 겨우 다리를 풀었다. 그때 담당 의사는 체중을 53kg으로 줄이라고 했다. 당시 내 체중이 56kg이었으니 과체중이었다. 체중을 줄이는 것은 그리 쉽지 않았다. 겨우 조금씩 발을 떼며 걸을 수 있었다.

남편은 일주일 후 문의면 대청댐 조각공원으로 나를 데리고 갔다. 그곳은 길에서 공원이 환히 보였다. 비탈 위에 있었다. 그곳을 천천히 걸어 올라갔다. 파란 가을 하늘이 상쾌했다. 내려오는데 다리가 떨리고 매우 힘이 들었다. 스틱도 가지고 가지 않았다.

이튿날 난 발걸음을 뗄 수가 없었다. 그렇게 아픈 것은 처음이었다. 쉽게 풀리질 않을 것 같은 생각이 들었다. 이것을 풀려면 긴 시간이 필요함을 느꼈다. 하는 수 없이 흥덕사지 마당 평지를 걷기로 했다. 발길은 천천히 옮겨 한 발자국 걷고 붙이고 걷고 붙이고 이렇게 걷기를 몇 달을 계획하고 날마다 반복했다. 그리고 4개월 후 증상이 조금 호전되어 의료원에 가서 무릎 사진을 찍었다. 퇴행성 관절의 진단이 나왔다.

그 이후 내 오른쪽 다리가 달라졌다. 직선이었던 다리가 약간 안으로 굽었다. 걸을 때마다 오른쪽 다리가 밖으로 조금씩 굽어진다. 어머니가 걸을 때면 다리가 벌어져서 왜 그럴까 생각했다. 나도 별수 없이 조금씩 변해가는 것을 눈으로 실감했다. 지난해에도 가경동에 있는 정형외과를 다니며 고통을 많이 겪었다. 기다리는 시간도 길고, 무릎에 주사 놓고 물 빼는 치료과정도 견디기 힘들었다. 그렇게 치료하고 오면 일주일은 날아갈 것 같은 느낌이다. 그런데 또 일주일이 지나고 나면 또 서서히 통증이 오기 시작했다. 하는 수 없이 의료원으로 내원하여 진찰을 받았다.

의료원 주치의는 주사를 자주 맞지 말라는 것, 그리고 물을 자주 빼면 안 좋다는 말을 친절히 해준다. 주치의가 처방해 주는 대로 약을 먹으며 운동을 병행하면서 내 증세는 호전되기 시작했다. 코로나로 인해 2월부터 지금까지 하루에 거의 두 시간씩 운동을 하고 있다. 그래서인지 무릎에 힘도 생기고 통증도 완화되고 약도 먹지 않고 지낸다.

지난해 미국에 다녀온 뒤부터 체중이 서서히 감소하기 시작했다. 그래서 지금은 거의 3kg 정도 감소했다. 스트레칭도 열심히 해서 달리기 운동기구도 100번 정도 할 수 있게 되었다. 처음엔 그 운동기구가 무서웠다. 그래서 한발 한발 하다 보니까 이젠 순서에서 빼지 않고 꼭 하고 있다. 무엇이든지 할 수 없다 포기하면 제자리 유지하기도 힘든다. 포기는 배추 포기 셀 때만 쓰는 것이라는 농담이 진담임을 실감한다.

4부

칸쿤 밤하늘에 뜬 별

백조의 호수

지난여름 북유럽 여행 때 모스크바를 방문했다. 레닌의 언덕과 모스크바 대학을 관람하고 버스에 오른다. 가이드는 전화를 걸더니 다음 일정이 한 시간 연기되어 찬스가 왔다고 말한다. 그러면서 그동안 행운이 찾아왔다고 한다. 〈백조의 호수〉를 관람한다는 소식에 놀란 토기처럼 내 귀도 쫑긋 귀를 기울인다. 그렇지 않아도 모스크바까지 와서 〈백조의 호수〉가 관람 일정에 빠져 아쉬워했는데….

차이콥스키의 작곡 무대가 되었던 모스크바 시내에 자리한 '백조의 호수'를 견학하게 되었다. 호수 위에는 자연과 어울리는 건물이 하나 보인다. 수도원이라고 한다. 노보제 비치 수도원 아래 자리 잡은 잔잔한 호수는 물에 비친 수도원의 그림자와 함께 한 폭의 수채화를 그린다. 잔잔한 물 위를 떠가는 오리들의 모습이 여행객의 마음을 살며시 만진다.

관광버스에서 설렘에 가득 찬 마음으로 호숫가 산책길에 내린다. 발걸음을 옮겨 호수 가까이 다다른다. 잔잔한 호수에 물오리가 노닌다. 물오리가 지나간 뒤에 작은 물결의 파문이 그려진다. 내가 상상하던 것은 기품 있는 하얀 백조였었는데. 그리고 그 백조가 물위를 여유롭게 유영하는 모습을 생각하고 있었다. 막상 그 호수를 바라보니 작은 상실감이 잠시 내 안에 자리 잡는다. 그러던 차에 때에 맞추어 작은 가랑비가 내린다. 호수 위에 빗방울이 동그란 파문을 겹겹이 그린다.

관광버스에서 호숫가로 발길을 옮긴다. 오리지만 백조로 생각하며 그 호수를 바라본다. 그리고 하얀 발레복 입은 백조를 생각한다. 늘 마음에 담긴 백조의 호수를 생각하며 여유 있게 발걸음을 옮긴다

난 차이콥스키의 피아노 협주곡 〈백조의 호수〉 중에서 〈정경〉을 좋아한다. 모음곡 〈백조의 호수〉는 발레음악에서 몇 곡을 추려 연주회용으로 편곡한 것으로 〈호두까기 인형〉, 〈잠자는 숲 속의 미녀〉와 함께 차이콥스키의 3대 발레 음악이라고 설명해준다. 그 호수를 바라본다. 그 멜로디의 분위기를 감지할 수 있어 마음이 평안하다. 그리고 가랑비가 내리는 호수에 〈정경〉의 선율이 잔잔히 내 귓가에 들린다. 호수는 내 마음을 아는 듯 고요하다. 그곳에서 노니는 오리의 파문은 잔잔한 수면 위에 물결을 그린다. 먼 이국 땅에서 마주 보는 풍경이 이채롭다. 내 빈약한 언어로는 표현하기 어려운 모습이다. 잔잔한 호수 위에 그림을 그리는 오리는 내 마음에도 무언의 그림을 그린다.

작은 오리들이 물결을 그리며 사람 있는 곳으로 모여든다. 이

모습을 보며 〈정경〉의 연주를 마음으로 계속 듣는다. 호수 위로 내 눈을 고정시킨다. 그리 크지 않은 아담하고 잔잔한 호수다. 그 물결 위로 흰 발레복을 입은 백조들이 정겹게 춤추는 모습이 이곳저곳에 어린다. 내 마음에 있는 하얀 백조들이다. 이 모습을 상상하며 의미 있는 시간들이라 생각했다. 러시아에 와서 백조의 호수를 직접 본 것이 내겐 기쁨이었다. 소녀시절부터 좋아하던 〈정경〉, 전통 발레의 종주국인 러시아, 이런 귀족처럼 맑은 곳이 있었기에 차이콥스키는 불후의 명작인 발레곡을 작곡하였나?

호수 산책길에 엄마 오리를 따라가는 아기오리들의 동상도 인상적이다. 미국 대통령 부시의 부인 낸시 여사가 호수를 감상하고 감격하여 그 동상을 선물하였다고 가이드는 설명한다. 오래도록 내 마음에 남을 백조의 호수.

판문점 견학

꼭 한 번쯤 가 보고 싶었던 곳이다. 60대 후반에 판문점을 견학할 수 있는 여건이 되었으니 설렘이 인다. 교회 권사회에서 지난해 12월부터 서류 준비를 하여 몇 달 만에 기회가 온 것이다. 재직 시에는 여러 가지 이유로 방문 계획이 있을 때마다 갈 수 있는 여건이 무산되었었다.

청주에서 오전 8시에 출발하여 우리 일행이 탄 버스가 파주에 접어들자 철조망이 보이기 시작했다. 마음까지 섬뜩해 온다. 버스 기사의 말로는 "나무가 거의 없고 민둥산이 보이는 곳이 북쪽이라고 보면 된다."고 한다. 마음속으로 짐작했던 대로다. 북한이 그리 멀지 않은 곳에 보인다. 한민족끼리 군사분계선을 따라 긴장하고 사는 공간이다. 한 하늘 아래 두 공간이 존재한다는 것이 씁쓸했다.

아주 세심한 검문을 거친 후 도라전망대에 도착하여 맞은편 공간을 바라본다. 북한이다. 집들과 개성공단 인민기, 우리나라 태극기의 펄럭임이 멀리 보인다. 다행히 날씨가 맑은 관계로 개성 송악산도 눈 안에 안긴다. 산아래 드문드문 살림집들과 동쪽으로는 개성공단이 보인다. 한동안 개성공단에 우리 측에서 공장을 운영할 때 화물차가 드나들던 길도 안내원의 설명에 짐작할 수 있었다. 핵 관계로 모든 경제적인 것이 단절되고 아울러 보이지 않는 차가운 긴장만 계속되는 이때 우린 언제 통일이 되어 그곳을 오갈 수 있을까. 작은 바람을 생각해보기도 한다.

개성의 송악산 아래 마을을 바라보며 마음 한곳이 처연해진다. 통일이 되어 분계선이 없어지고 함께 생각을 공유하고 살면 얼마나 많은 시너지를 창출할까. 그런 바람도 마음속으로 그려보았다. 하늘을 나는 이름 모를 새는 나의 아린 마음도 모르고 신나게 날개를 펴고 두 공간을 마음대로 날아다닌다. 언제 통일되어 난 저곳을 가 볼까.

이산가족 상봉을 신청했던 어머니는 지난해 8월 세상을 떠나시고 어머니의 속마음을 모르는 며느리 된 나는 이렇게 북녘 하늘만 바라보며 갖가지 생각으로 마음 한곳을 채운다. 전망대는 까치발을 들고 호기심에 망원경을 보는 어린이들로 어수선하다. 그들이 나만큼 되기 전에 통일이 되어야 하는데….

통일전망대에서 이북을 바라본다. 남한과 북한의 공동구역에 참나리가 살고 있다. 어머니가 좋아하시던 꽃, 어머니는 참나리 곁에 가실 때면 꼭 이북 고향 이야기를 하셨다. 그 나리가 전망대 아래 풀숲 어디에 주아(씨앗)가 떨어졌는지 자라고 있다. 괜히 코끝이 찡해진다.

통일촌 마을 민통선 지역에서 점심식사를 했다. 두부요리가 참 맛이 담백했다. 공해가 없는 곳에서 기른 농산물이라 그런지 묵은 김치, 나물 모두 우리 있는 곳에서 먹는 것과는 맛이 달랐다. 때가 묻지 않은 옛날 그 맛이었다. 아련하게 어머니께서 해주시던 어린 시절의 먹거리들도 생각해 본다.

식당은 개인이 아닌 부녀회에서 운영한다고 했다. 서로 협력하여 생활하는 모습이 우리들의 개인적인 생활과는 많이 달라 보였다. 북녘이 가까운 곳에서 생활하는 것이 얼마나 불안할까. 그러나 한편으로 세금도 병역도 면제되고 모두 자연인처럼 사는 것이 어쩜 편안할지도 모른다. 우리들처럼 이것저것 걱정하지 않고. 주어진 여건에 순응하며 선하게 사는 모습이 인간적이었다.

맛있는 점심을 먹은 후 그들이 농사지은 농산물 귀리, 좁쌀, 간장을 구입했다. 그들에게 마음을 나누며 나도 그들의 농산물을 먹어보는 기회가 될 것 같다.

공동경비구역(JSA) 경비대대가 있는 판문점으로 버스를 타고 발길을 옮겼다. 도끼만행이 자행되었던 곳, 우리 일행이 서있는 계단에서 판문각이 보인다. 북한군이 인민 복장을 하고 보초를 서는 것이 눈에 그리 멀지 않게 보인다. 무서운 마음도 든다. 건물 다섯 동이 있는데 파란색 건물 3동은 유엔군이 관리하며 남북 고위급 회담이 열릴 때 사용한단다. 텔레비전 화면으로 보던 회담 장소의 마이크 3개가 나란히 있고 유엔기가 왼쪽에 꽂혀 있다.

회색빛 양쪽 건물은 북한군의 처소라고 한다. 북의 판문각과 남의 자유의 집이 꼭 이렇게 긴장이 강물처럼 흐르는 곳에 살아야 하는가.

마지막으로 도라산역(서울과 신의주를 잇는 경의선 철도의 역 중 하나)을 돌아본다. 경기도 파주군 군내면 도라산리 민통선 안에 있다. 언제 이 기차 타고 북한을 거쳐 러시아 중국을 가고 유럽까지 여행을 할 수 있을까.

가재의 외출

아침저녁으로 선선하다. 그 무덥던 여름이 서서히 뒷걸음질을 한다. 이른 저녁을 먹고 산책길에 나선다. 집 가까운 곳에 있는 체육공원, 삶의 한자리를 차지한다. 그 놀이터로 발길을 옮긴다.

도심의 숲속 작은 산책길에 접어든다. 기분 좋은 건들바람이 분다. 가을이 숨어 있다. 발걸음도 가볍다. 웃자란 왕고들빼기는 그 바람을 환영하듯 부드러운 몸짓으로 나를 반긴다. 그 아래 토끼풀도 덩달아 흔들흔들, 기분 좋은 저녁나절이다. 키 큰 메타세쿼이아 잣나무는 더 큰 몸짓으로 긴 가지를 흔들며 춤을 춘다.

벌써 드문드문 산책 나온 사람들이 운동을 한다. 노젓기, 균형잡기, 자전거 돌리기. 모두 자기 마음에 드는 것을 순서대로 골라 한다. 난 비어있는 실내 자전거에 올라 천천히 페달을 밟는다. 언제부터인지 무릎관절이 시원치 않아 실내 자전거와 평지를 걷는다. 내가 다리가 아파서인지 산책하는 사람들의 다리에 내 눈이 자주 머문다.

자전거에서 내려 늘 내가 하던 곳으로 발길을 옮긴다. 봄에 벚꽃이 활짝 피어 눈꽃을 뿌리던 곳이다. 벚나무 아래 잎사귀 하나가 벌써 가을을 담고 있다. 고운 빛깔로 내 시선을 끈다. 당연히 내 눈은 그곳으로 멈추어 40여 년 전 그때로 타임머신을 탄다. 설렘 속에 발령을 받고 처음 부임한 곳, 한동안 마음속에 가만히 숨어 있던 기억과 풍경들…. 노젓기 운동기구에 앉아 생각에 잠긴다.

눈으로 달려드는 하설산이 비단처럼 고와지면 가을이 살금살금 다가온다. 고향에 가지 않는 날은 직원들과 산행을 한다. 흰밥에 무장아찌나 통조림을 배낭에 넣고 아침 일찍 나선다. 단풍 속을 다니며 알밤도 줍는다. 가끔 나무 틈새의 파란 하늘도 한번 바라본다. 밀림 같은 숲 속에서 다래와 머루도 따먹는다. 그 맛은 알키하면서도 감칠맛이었다. 가을산과 한동안 눈맞춤을 한다. 몸과 마음을 가을로 물들인다. 정상은 너무 높아 바라보다 하산한다.

우리 일행은 하산하며 골짜기 도랑 옆에 자리를 잡았다. 알코올버너에 불을 지피고 냄비에 고등어 캔을 따서 넣었다. 제일 어르신이 옆 따비밭에 있는 어린 배추를 뽑는다. 그것을 씻는 것은 내 몫이다. 흐르는 도랑물에 씻은 배추를 버너에 넣는다. 도랑물을 캔 통으로 담아 버너에 부었다.

비린 냄새가 개울에 퍼지자 바위 틈새에서 집게발을 내미는 움직임이 보였다. 자세히 보니 가재였다. 숨어있던 가재가 긴 수염을 움직인다. 어슬렁어슬렁 냄새나는 맑은 도랑물의 투명한 모래바닥으로 기어 나온다. 고등어 빈 캔을 도랑 가운데에 담갔다. 가재는 그곳으로 가까이 온다. 제법 컸다. 신기했다. 이제까지 보았던 가재 중 제일 컸다.

"가재다!" 이렇게 소리를 질렀다. 함께 간 동료들이 개울로 내려왔다. 내가 잡으면 손을 물릴까 봐 겁이 나서였다. 그들도 신이 나서 가재를 다섯 마리나 잡아 찌개 그릇에 넣었다. 보골보골 끓고 있는 알코올버너, 가재는 익어가며 물든 단풍처럼 빨개졌다. 그 빛깔이 어찌나 먹음직스럽고 곱던지 입에 침이 다 고였다. 파란 하늘 아래 산 중턱에서 음미하는 가을은 맑고 투명했다. 그 맛을 지금도 잊을 수가 없다.

가재는 모처럼 고등어 냄새에 끌리어 외출을 했으나 잔인한 사람들의 먹잇감이 되고 말았지 않은가? 나도 가재를 먹었으니 가재 입장에서 보면 잔인한 사람이다. 어찌 보면 나의 삶도 그와 못지않은 부분들이 슬며시 스며든다. 마음이 착잡하다.

가진 자들의 무분별한 횡포는 언제 사라질 것인가? 언제 가을 햇볕처럼 그렇게 밝은 햇살이 곁에 비칠 것인가. 지금도 가재 가족의 나들이를 잊을 수 없다. 버너에서 항의하듯 빨갛게 변하던 가재의 모습을. 얼마나 나를 원망했을까.

백령도의 해무

한 번쯤 꼭 가보고 싶었던 섬이다. 어릴 때 일기예보에서 늘 귀에 들어 익숙한 곳이다. 서해 최북단 백령도. 인천 버스터미널 근처에서 아침 식사를 마친 후 여객 터미널에 도착했다. 많은 인파로 북적인다. 인천서 백령도까지 4시간이 걸린다고 매표소 직원이 말한다. 깜짝 놀랐다. 그렇게 먼 곳인가? 가까운 줄 알았는데. 긴장이 된다. 그러나 설렌다. 처음 가는 곳이기에.

맑은 하늘에 햇빛이 밝게 빛난다. 바다에선 최상의 날씨다. 카페리호에 승선하여 망망대해 소청도와 대청도를 지나 백령도에 도착한다. 감회가 새롭다. 남한의 서해 최북단의 땅으로 이북과 가장 가까운 곳이다. 이곳에서 사람들은 불안해서 어떻게 살까. 그런 마음도 든다. 천안함 사건이 있었던 곳, 스산한 느낌마저 마음에 감돈다.

도착 후 심청각으로 향했다. 멀리 아득히 북한 땅이 희미하게 보인다. 심청각 주변 담장엔 진분홍 해당화가 곱다. 청정지역의 맑은 공기를 머금어 더 선명하다. 고향 담장의 정겨움처럼 푸근하다. 5월의 밝은 햇볕 아래 아주 곱게 피어 관광객의 눈을 끈다. 내가 어릴 때 우리 집 앞 큰댁 흙담 벽 앞에 피었던 진분홍 해당화다. 그 꽃이 눈길 머무는 곳마다 지천이다. 가끔 흰꽃, 분홍꽃도 섞여있어 보는 눈이 더 신기하다. 때깔이 갓 세수한 아기의 얼굴처럼 해맑다.

심청각을 돌아본 후 고향처럼 정겨운 식당에서 소박한 점심 식사를 했다. 그냥 옛날 집에서 어머니가 차려주신 그런 상차림이다. 바다고동, 어릴 때 먹었던 엄마표 김치, 콩자반. 오랜만에 부모님 계시던 고향에 온 기분이다. 지금 돌아갈 고향도 내겐 없지만. 잠시 백령도에서 고향을 음미한다. 섬이기에 육지의 때가 덜 묻어 훨씬 소박하다.

점심 식사 후 주요 관광지인 사곶 천연비행장 (천연기념물 제391호)과 두무진 콩돌해안(천연기념물 제392호)을 관람한다. 사곶 비행장은 유사시 비행기가 착륙할 수 있게 천연 활주로가 바닷가에 마련되어 있었다. 북과 가까운 곳이라 스산한 느낌도 들었다. 콩돌해안은 콩처럼 작은 여러 붉은 갈색 빛깔의 콩돌들이 해안 주변을 가득 채웠다. 기나긴 세월의 파도로 인해 서로 부딪쳐서 그런 장관을 연출하게 되었을까? 해무로 가득한 해변을 맨발로 걷는다. 내 발바닥을 지압한다. 처음엔 좀 아프더니 20분 남짓하게 걸으니 피로가 풀린다. 발바닥에 닿는 감촉이 감칠맛이 난다.

관광버스에 탑승하자 가이드가 백령도 명칭의 유래에 대해 안내했다. 옛날 황해도 어느 고을에 한 선비가 사또의 딸을 사모했다. 그 둘은 장래를 약속하였다. 이를 알게 된 사또가 딸을 외딴섬으로 보내버렸다. 선비는 사또의 딸을 찾기 위해 많은 애를 썼다. 어느 날 하얀 학이 흰 종이를 물어다 주고 가는 꿈을 꾸었다. 깜짝 놀라 깨어보니 정말 종이에 주소가 적혀 있었다. 선비는 주소대로 장산곶에서 배를 타고 이 섬까지 와서 사또의 딸을 찾아 회포를 풀었다. 그리고 둘이 단란하게 살았다는 전설이 있다고 한다. 그 섬을 하얀 백학이 알려주었다 하여 백학도라 하였고 오늘날은 백령도라고 불린다고 한다.

그곳 주민들은 한국전쟁 이후 북한에서 내려온 피난민이 북으로 가지 못하고 대부분 정착하였다고 한다. 1960년대 이후 간척지 조성과 인구 전출로 자급자족이 가능하다고 한다. 해안가 옆의 대피소도 관람했다. 지하로 들어가는데 스산한 느낌도 들었다. 북한이 가까우니 늘 불안하지 않을까 그런 생각도 들었다. 까나리액젓은 백령도 특산품이라 한 통을 구입했다.

백령도에 또한 눈에 띄는 것은 산에 핀 병꽃나무다. 분홍빛 병꽃나무 꽃이 여기저기 피어 해풍에 흔들린다. 이곳에 가장 많은 것이 병꽃나무와 해당화. 그래서인지 도로 가장자리에 가로수로 식재를 많이 해 놓았다. 해안가 절벽에 붙어사는 해국도 정겹다.

1박 2일의 일정을 마치고 여객 터미널로 나갔다. 바다엔 해무로 가득하다. 앞이 전혀 보이지 않는다. 아침 8시 30분 승선시간이 딜레이 되기 시작한다. 대합실에 앉아서 크리스마스에 도착하는 나에게 엽서를 썼다. 오랜만에 젖어보는 낭만도 괜찮았다. 한 시간, 또 한 시간, 그동안 남편과 바닷가 주변을 걷는다. 지천으로 가득한 것이 쑥이다. 백령도 쑥이 이름 있는 것을 아는 지인들은 쑥을 여러 포대씩 뜯는다. 기다리는 동안 쑥을 채취하는 것으로 일과를 보낸다.

인천도 안개가 끼었나 보다. 2시가 되어도 배가 뜨지 않는다는 소식에 꾸렸던 짐을 다시 숙소로 옮긴다. 참 사람이 할 수 있는 것이 무엇이란 말인가 아무것도 없다. 다시 지연된 일정에 일행은 힘이 쭉 빠져 여행비를 더 내고 어제 숙박했던 펜션에 다시 짐을 풀었다.

모든 땅이 주인이 있겠지만 농사짓지 않은 빈터들이 많았다. 아마 통일이 되면 이곳 땅들은 하늘 높은 줄 모르고 치솟을 것이다.

이튿날 승선 시간은 제시간에 진행되었다. 며칠씩 해무가 진행되는 경우도 있다고 한다. 바닷가 주변을 산책하다 가지가 꺾인 해국을 기념으로 데리고 왔다.

미동산 수목원

칠월 첫째 주말 미동산 수목원으로 남편과 함께 나들이를 나섰다. 모처럼 자연 속에서 주말을 보낸다. 코로나로 인해 마스크를 쓰고 입장을 한다. 열 체크까지 꼼꼼하게 진행된다. 이 과정을 마치고 산책로로 접어든다.

이곳을 다닌 지 20년이 되었다. 맨 처음 이곳을 오게 된 것은 청원교육지원청에 근무할 때 기관 출장 후 가는 길에 잠깐 들른 곳이다. '충청북도산림환경연구소'로 그때는 지금 생태원에 산야초를 화분에 심어 전시하는 것으로 아주 미약하게 시작됐다. 당시 들꽃이 서서히 각광받을 때였으므로 매력 있는 곳이었다. 해가 거듭될수록 테마가 있는 수목원으로 발전했다. 오늘도 메타세쿼이아 숲길을 걸어오며 마치 외국에 온 정취를 느낀다. 미동산 수목원은 습지까지 조성되어 있어 수생식물까지 볼 수 있는 여건도 조성되었다. 하천을 중심으로 간간이 놓인 앙증스러운 다리는 숲의 정취를 더한다. 하산길에 물위에 핀 분홍색 수련은 여름을 더욱 싱그럽게 물들인다. 메타세쿼이아 숲길 양지 쪽으로 늘씬한 원추리가 맑은 얼굴로 여름을 시원하게 안내한다.

미동산 수목원은 산을 중심으로 가운데 실개천이 흐른다. 넓은 경지면적과 자연의 숲이 어우러져 다른 수목원에서 볼 수 없는 자연스러운 여건이 구비되었다. 그 기본에 숲길을 더 조성하고 가꾸니 금상첨화다. 인위적인 느낌이 전혀 들지 않는다. 자연과 어우러진 모습이 더 고귀하다.

10여 년 전, 새해 겨울 미동산 수목원에 와서 등산로를 걸은 적이 있다. 그때 아무도 가지 않은 하얀 눈길에 토끼 발자국이 길을 안내했다. 아주 순조롭게 등산로를 따라가며 산길을 걸었던 기억이 새롭다.

지금은 아주 작았던 나무들도 울창한 숲을 이루었다. 신작로 가장자리에 그늘을 제공한다. 처음엔 햇볕이 따가운 신작로만 외롭게 우리를 맞았다. 산책하며 얼마나 뜨거웠는지 땀이 눈으로 들어가 따가웠다. 지금은 그 산책길에 가로수로 심어놓은 나무들이 자라 그늘을 제공한다. 산책하며 아주 시원한 것이 감칠맛이 난다. 주말이라 나이 든 부부 커플이 자주 눈에 띈다. 최근 들어 산을 찾지 않던 우리 내외도 왔으니.

하산길에 접어든다. 비탈길이다. 무릎이 아프기 시작해 터득한 방법을 적용할 때가 됐다. 비탈을 곧게 내려오지 말아야 한다. 무릎 아픈 사람들은 더구나 그렇다. 준비해 간 스틱을 의지해 지그재그로 산책로를 내려온다. 길 옆 도랑에서 물소리도 들린다. 언제 들었던 도랑물 소리던가. 고향에 온 것처럼 정겹다. 그곳에

발을 담그고 싶은 마음이 인다. 성격 급한 남편은 벌써 아랫길 저만치서 기다린다. 이야기하며 오순도순 가는 법이 없다. 늘 그렇게 앞서가고 나는 뒤따라가는 교사와 학생처럼 그렇게 간다. 어느 땐 기분이 좋지 않아 숨어도 본다. 그럴 땐 가다 안 보이니 다시 막 걸어온다. 그래서 요즈음 현대판 남편으론 퇴출감이라고 마음속으로 생각도 해본다. 내가 그렇게 말해도 별 대꾸를 하지 않는다. 개인차가 있으니 어쩔 도리가 없다. 게다가 남편은 성격이 급해 참는데 많은 에너지가 나름대로 필요하다. 그렇게 40년을 넘게 살았다. 내가 얼마나 답답할까. 생각하면서도 시간의 순리대로 몸의 기능이 변하니 어찌할 수도 없다.

그렇게 하산하는데 화장을 곱게 한 여인의 노부부 두 팀이 스틱을 의지해 비탈길을 천천히 오른다. 황혼의 그 모습들이 가을 단풍처럼 곱다. 그리고 나도 이제 서서히 그렇게 그 오솔길로 접어들 날들이 가까워짐을 감지한다.

자식들은 다 자라 독립하고, 부모님은 소천하셨다. 북적대던 집엔 저물어가는 석양빛 고운 노을 같은 부부만 남게 되었다. 40년을 어른과 함께 살며 나의 삶을 밀어낸 채 보낸 세월들이다. 이제 홀가분하지만 남은 것은 노화해 가는 몸의 부분 부분을 느끼며 아쉬움 속에 살아간다. 그래도 감사한 것은 젊은 시절 고생한 보람으로 자식들에게 기대지 않고 살아가니 노년이 얼마나 다행인지.

하산길 습지 옆에 가늘하던 메타세쿼이아는 이제 아름드리 나무가 되었다. 곁으로 다가가서 나뭇결에 손을 대어 본다. 정겹다. 미동산도 나의 삶과 함께 긴 시간들을 그렇게 키워간다. 언제 와서 함께해도 친정처럼 푸근한 미동산 수목원에 내가 안긴다.

칸쿤 밤하늘에 뜬 별

지난해 우리 내외가 70이 되었다. 칠순이 되는 셈이다. 우리 집은 남자 형제만 셋이라 아기자기한 편은 아니지만 믿음직한 것은 또 다른 매력이다. 우리 칠순을 기념하여 멕시코 칸쿤에서 가족 여행을 하기로 아이들이 계획을 세웠다. 맏이는 전체 총괄기획을 해서 숙소와 식사, 의상에 관한 모든 것들을, 막내에겐 우리 내외의 우등석 비행기표를, 둘째에겐 액티비티를 서로 분담하여 미리부터 추진하도록 맏이가 동생들에게 약속하고 진행하였다. 막내의 배려로 우리 내외는 LA공항까지 편리하게 긴 시간을 탑승할 수 있었다. 10시간을 넘게 탑승해서 LA 공항에 도착했다. 한 시간 가까이 긴 줄을 서서 출구에 다다르니 맏이 내외가 반갑게 맞이한다.

가족들의 만남

맏이는 3년 만에, 자부는 4년 만에 상봉하여 반가웠다. 오픈카에 우리 내외를 태우고 살고 있는 아파트에 도착했다. 그곳으로 이사한 후 처음 가는 아들 집이다.

맏이가 사는 집에 도착하여 여장을 풀었다. 짐 정리를 간단히 한 후 그곳에서 둘째네가 30분 남짓한 곳에 살고 있는 패서디나로 향했다. 그곳으로 이사한 후 둘째네 집도 처음 온 셈이다. 조용한 주택지라 사는 데 공기도 맑고 학교도 가까워 호감이 간다. 대문을 열자 분홍색 부겐빌레아의 꽃잎이 작은 마당에 가득히 쌓였다. 집세는 비싸지만 집은 마음에 들었다. 손녀 둘은 색분필로 마당에 웰컴을 그려서 환영하고 우리에게 자기들이 만든 꽃목걸이를 걸어준다.

이번에 가족여행을 하게 된 것은 우리의 칠순을 멕시코 휴양도시 칸쿤에서 하기로 하고 세 가족이 모였다. 칸쿤에 가기 전날 저녁, 맏이네 집에서 함께 예배도 드렸다. 그리고 아이들에게 우리가 준비해 간 용돈과 고향을 잊지 말라고 코팅한 네잎클로버를 전달했다. 그것은 2주 전, 청주예술의전당 숲에서 채집해 꽃누름 후 문방구에서 코팅했던 것이다. 우리 아이들이 곤충 잡으며 어릴 때 놀던 곳에서 채취한 엄마의 정성이 듬뿍 든 한국의 선물이다.

칸쿤에서

멕시코 공항에서 내리자 하얀 리무진이 보인다. "엄마, 저것 우리 타고 갈 거야." 만이가 하는 말에 깜짝 놀랐다. 언젠가 러시아 여행 때 처음 보았던 흰 리무진에 장미꽃을 달고 가던 신혼부부 이야기를 했었다. 그것이 현실이 된 셈이다. 우리 가족은 하얀 꿈같은 그 차를 타고 경쾌한 음악을 들으며 잠시 휴식시간을 가졌다. 차창 밖엔 뜨거운 햇볕에 나무에 핀 진한 주황색 꽃이 자주 보인다. 가로수로 식재되어 있다. 정열적인 멕시코 사람들의 성품 같다.

하얀 리무진이 '더 화이브스 아즐 비치 리조트' 로비에 도착했다. 지배인은 우리 가족에게 보라색 팔찌를 모두의 손목에 끼워준다. 보라색 팔찌는 그 리조트 안에서 VIP 대접을 받는 것이라고 했다. 모든 시설을 자유롭게 사용하고 삼시 세끼를 마음에 드는 레스토랑에서 마음대로 먹을 수 있는 특별한 팔찌였다. 우리들이 음식 준비하지 않고. 레스토랑에만 가면 먹을 수 있으니 얼마나 편리한가. 여자들 입장에선 대환영이다.

우리 내외 방은 매우 넓었다. 그리고 식탁 주변엔 여러 가지 고급 술도 진열되어 있었고 냉장고에는 다과가 가득 차 있었다.

여행을 많이 하였지만 처음 접하는 상황이라 어리둥절했다. 다 자유롭게 먹을 수 있는 것이라고 한다. 순간 큰아이가 이렇게 하는 데 돈이 얼마나 많이 들었을까 생각하니 미안한 생각도 들었다. 한 채를 통째로 빌려 네 가족이 생활할 수 있는 곳을 대여했으니.

"돈은 없으면 벌면 되지만 부모님은 계실 때 베풀어드리는 것이 도리인 것 같아 그렇게 했노라."고 한다. 마음이 아리며 고마웠다. 우리 가족은 둘째의 스케줄에 맞추어 리조트 주변의 활동을 시작했다. 주로 해변에서의 활동이라 수영복과 레시가드를 입고 움직였다. 맨 처음 바닷물 속의 물고기를 보는 것인데 난 수영을 하지 못해 밖에서 구경만 했다. 손녀딸 둘은 얼마나 재미있어 하는지 내 기분까지 좋아졌다. 난 물에 대한 트라우마가 있어 그냥 구경만 한다. 둘째 동생이 물에서 생명을 잃었기에 물과의 인연은 무서움 그 자체다.

칸쿤에는 이구아나가 많이 있다. 따뜻한 햇볕이 있는 곳이면 이구아나가 나와 있다. 한국의 닭들이 시골에서 자유롭게 돌아다니는 것처럼 이구아나들이 돌아다닌다. 처음엔 얼마나 놀랐는지

그러나 다니는 곳마다 많이 눈에 띄었다. 더 신기한 것은 산책길에 빨간 꽃을 따 먹는 이구아나를 만났다. 막내가 이구아나를 발견하고 길에 떨어진 만다밸라 빨간 꽃잎을 이구아나의 입 근처에 갖다 대자 그 꽃을 먹는다. 참 신기한 모습이다.

이 휴양지는 물을 중심으로 모든 활동들이 준비되어 있었다. 돌고래와 함께 놀이를 즐기는 남편과 둘째를 우리 가족은 호수 가장자리에서 관람한다. 신기하지만 돌고래가 측은해 보였다. 숲과 연결된 언덕에서 손녀들이 짚라인을 타는 깜찍한 모습은 오래도록 잊지 못한다.

잠시 숙소 옆 모래사장으로 갔다. 우리에게 부여된 파라솔 안에서 바다를 바라본다. 우리나라 가을 하늘처럼 파란 바닷물빛과 고운 모래사장에서 멀리 보이는 수평선, 그림 같다. '익힐 세노테' 호수에서 남편과 아이들은 절벽 다이빙을 하며 스릴을 즐겼다. 둘레에서 그 모습을 구경하는 것도 재미있었다. 위에서 아래 호수를 바라보니 사람들의 머리가 마치 공이 떠 있는 것 같다. 떨어지는 습기에 자란 식물의 늘어진 모습이 매력적이다. 식사 후엔 마야 문명의 유적지인 치첸이사, 피라미드로 향했다.

Happy 70TH Birthday

맏이는 엄마 칠순은 한국에서 생각하는 한복 입고 절하고 하는 것처럼 그렇게 하지 않고 이곳의 풍습을 접목해 이색적으로 할 것이라고 처음부터 이야기해준다. 틀을 벗겠다는 거다. 서쪽 하늘의 해가 막 수평선으로 넘어갈 때부터 행사는 시작되었다.

아이들이 안내하는 옥상으로 발길을 옮겼다. 우리가 유숙하는 리조트 옥상에는 'Happy 70TH Birthday'라고 플래카드를 걸고 장식과 더불어 간단히 간이 공간을 조성했다. 그곳에 우리 내외를 입장시킨다. 초청한 악단 네 사람의 연주에 맞추어 마련한 자리에 앉았다. 큰아들 내외부터 둘씩 나와 절을 했다. 다음은 둘째네 네 식구, 그리고 막내. 눈시울이 뜨거워진다. 그들을 안아주며…. 살다 보니 이런 날도 있음을 감사히 생각했다. 아이들 인사가 다

끝나고 남편의 인사 후 내 차례가 되었다. 고맙다는 말을 작은 소리로 말할 때 눈물이 왈칵 쏟아졌다. 눈물샘이 또 터진 것이다. 사경을 헤매며 쌍둥이를 낳았던 때가 엊그제 같은데 벌써 자라 중년이 되어가는 아이들을 본다. 대견하다. 우리 가족은 모두 그곳의 정장 차림으로 행사에 참여했다. 남자는 남방셔츠에 반바지, 여자는 원피스 차림에 샌들을 신는다. 하와이풍의 정장이다.

2부 순서는 옆에 차려진 식탁의 불판에서 직원들이 구워주는 바비큐 파티를 열고 우리 아이들이 공연을 시작했다. 막내는 주로 드론으로 사진 찍는 작업을 했고 손녀딸과 쌍둥이들이 엄마 아빠에게 재롱으로 춤을 추었고 우리 내외를 기쁘게 해 주었다. 그리고 큰 종이에 가족들이 쓴 편지를 반절지에 적어 족자로 만들어 선물로 준다. 그 전지에 우리 내외에게 쓴 편지를 돌려가며 낭송했다. 이번 행사는 가족이 함께 지내면서 가족애가 더욱 돈독해지고 소중히 생각하는 계기가 되었다. 행사가 마무리되는 리조트 옥상 칸쿤의 밤하늘엔 별이 총총 떠 있었다.

남계리

문의면 남계리 산아래 양지엔 내 친구가 전원주택을 짓고 산다. 진입로에서 보는 집 주변은 온통 빨간 양귀비로 가득하다. 사진 속의 그림 같다. 아니, 꼭 이국 풍경 같다. 여기저기 빨간 모습으로 초여름을 알린다. 온통 초록 세상인 가운데 빨간 양귀비는 신비스럽기까지 하다. 해마다 유월 현충일 무렵이면 거의 방문하는 이곳.

오늘은 유난히 양귀비의 모습이 내 시선을 끈다.

코로나로 외부에서 만나지 못하고 집에서 조촐하게 여섯 지인들이 만나 식사 대접을 받는 날이다. 오래전에 교회 성가대를 같이하던 지인들이다. 나이 들면서 가정 사정으로 그만두고 나만 아직 성가대에 몸담고 있다.

그곳에는 우리 집에서 분양한 와송과 바위솔들, 미선나무도 어울려 다정하게 산다. 다양한 꽃과 꽃나무가 울긋불긋 제모습을 드러낸다. 마치 경주라도 하는 듯 꽃대궐처럼 소박하면서 화려하다. 그리고 자연스럽다. 자연은 모든 것을 품으니 그런가 보다. 샛노란 기린초와 분홍색 송엽국, 보라색 꽃달개비, 자란, 부지런히 한창 봉오리를 올린다. 아기의 선한 눈동자처럼 맑다. 자주초롱꽃, 꽃 중의 꽃 화려한 장미, 노란 아기달맞이, 보랏빛 으아리, 많은 꽃들을 심는 수고가 이제 조금씩 덜어지고 자리를 잡아간다. 꽃들이 모두 자기 자리를 잡아 당당하게 서있다. 방문한 날 중 오늘이 제일 풍성하다. 잠시 부러운 마음도 든다.

식탁은 온통 그곳에서 생산된 푸성귀들로 마련했다. 깻잎무침,

오가피초절임, 미나리, 참비름무침. 모두 밭에서 생산된 반찬들이다. 이러니 얼마나 건강한가? 친환경 농작물을 부식으로 하고 있으니, 그 밭에서 재배한 것으로 다른 사람을 대접한다는 것은 참 대단한 일이다. 나는 한 번도 그렇게 해보지 못했다. 워낙 음식 솜씨도 없지만.

나는 언제 그렇게 다른 사람을 초대해서 대접할 수 있을까? 한 번 해야 되는데. 어머니 계실 때는 어머니가 어려워서 지인들이 우리 집에 거의 오지 않았다. 이젠 어머니도 가시고 우리 내외만 사는데 어찌 용기가 나지 않는지. 나도 그렇게 하면 되는데. 용기 내어 수국 필 때 한번 해볼까나? 생각 중이다. 그때 한 번 하면 어떨까? 비빔밥으로. 꼭 한 번 하고 싶다. 그러나 생각으로 끝난다.

친구는 우리에게 식사 후 밭두둑으로 가서 부추와 미나리를 뜯도록 안내한다. 나는 미나리를 열심히 뜯었다. 그곳은 무공해 이기에 우리가 먹기에도 건강식이다. 네모진 밭 100평 정도를 골고루 농사를 지어 알뜰하게 삶에 적용하고 산다. 풀 한 포기 없이 그렇게 밭을 깨끗하게 가꾸고 지낸다.

저녁때 그곳에서 봉지봉지 싸가지고 온 푸성귀들로 상을 차렸다. 남편은 깻잎무침과 상추겉절이가 맛있는지 젓가락이 자주 드나든다. 깻잎도 이제 몇 마디 크지 않은 어린 깻잎이니 참 연하고 고소한 것이 일품이다. 그곳에 다녀올 때면 친정에 간 것처럼 푸근하다.

내겐 친정어머니도 아버지도 요즘 생각하면 일찍 가신 셈이다. 아버지는 65세에 간암으로 가셨고 어머니는 76세에 파킨슨병으로 우리 곁을 떠나셨다. 내 고향은 지금 산남동이다. 그곳은 온통 아파트 숲이 되었다. 교회 갈 때마다 그곳을 지나며 어린 시절을 떠올린다. 지금은 남동생네 가족이 그나마 산남동에서 살고 있을 뿐이다.

내 주변의 지인들은 거의 땅을 조금씩 가지고 있다. 그곳에 곡식도 키우고 밭농사도 한다. 그러나 초고령 사회에 진입한 우리들은 이제 점점 힘이 없어진다. 나 같은 경우는 쪼그리고 앉아서 하는 것은 거의 하지 못한다. 만약 밭이 있어도 활용하지 못할 것이다. 몇 해 전에 산남동에 아버지께서 주택지로 주신 땅 70평,

그것도 제대로 관리하지 못해 다른 사람이 심어 먹도록 했었다. 다행히 막내아들 미국 비행 훈련하는 데 처분하여 유용하게 사용했다. 지금 생각하면 오히려 잘되었다고 생각된다.

그 친구는 부지런하고 건강하여 에너지가 넘친다. 밭에 풀 한 포기 없이 깨끗하게 가꾸어 놓는다. 그리고 꽃이 가장 많이 필 때는 지인들을 초대하여 꽃구경도 시키고 식사 대접도 하니 그 주변에는 늘 지인들이 많다. 나 같은 경우는 다르다. 내가 생각해도 너무 단순하고 건조하게 산다. 처음에 결혼하여 시댁이 그렇게 사는 것이 이해가 안 갔다. 약간 개인주의로 사는 것이. 그런데 이젠 내가 그 대열에 환승했다. 이상하지도 않고 당연한 것 같다. 이렇게 사람도 상황에 따라 변하는 것이다.

오늘 양귀비꽃의 빨간 빛깔이 결 고운 추억처럼 살랑거렸다.

피아노 치고 싶은 날

골목이 조용하다. 나른한 여름 한나절이 좀 지났다. 유리창문 앞에 있는 낡은 악보 《학생 애창 600 곡집》을 편다. 악보가 빛이 누렇게 바랬다. 하기야 40년이 훨씬 지났으니. 버리지 않고 그냥 피아노 있는 가까운 곳에 꽂아 두었다. 악보에 쓰인 글자도 너무 작아 희미하다. 악보도 돋보기를 쓰고도 제대로 보이지 않는다.

노래를 하지 못해도 노래를 좋아했다. 아이들이 다 귀가한 방과 후면 조용한 교실에서 오르간 앞에 자주 앉았다. 서툰 손놀림으로 악보를 펴놓고 노래를 많이 불렀다. 다행이었던 것은 학창 시절 음악시간을 폭넓게 제대로 학습해서 그런 취미를 갖게 되었는지 그것도 감사하다.

〈토셀리의 세레나데〉를 편다. 이 명곡을 배울 때가 생각난다. 고등학교 장미원 옆에 음악실이 있었다. 우리 교실에서 음악실을 가려면 장미원을 지난다. 오월이면 여러 색깔의 장미가 둥글게 조성된 장미정원에 가득 핀다. 그중에 가장 눈에 띄는 것은 흑장미와 백장미였다. 처음 흑장미는 검은색으로 생각했다. 어떻게 꽃이 검은색이 있을까 의아했다. 그 꽃을 보기 전에는. 흑장미는 빨간색이 아주 진해서 명도가 낮은 어두운 빨간색인 것을 알았다. 음악실과 도서실을 가는 길에 있던 장미원은 내게 오래도록 아련히 남는 고교시절의 사색의 정원이었다.

음악실에 가면 내가 치고 싶어 하는 피아노가 있었다. 그때도 가정생활이 경제적으로 풍족한 아이들은 피아노 교습을 받았다.

그래서인지 시작하기 전에 바이엘 66번을 치는 아이들이 있었다. 그때 그 친구들이 참 부러웠다. 나도 배우면 저렇게 할 수 있을 텐데. 그 정경은 내겐 그림의 떡이었다. 그러나 늘 마음속엔 나도 꼭 한번 해 보고 싶은 생각이 지워지지 않았다.

그리고 살아가며 감사한 일이 하나 있다. 음악 선생님은 여자 선생님이셨다. 그분은 한복을 입으셨다. 종아리까지 내려오는 검정 치마에 저고리는 6일 동안 매일 다른 색깔로 바꾸어 입으셨다. 그 모습이 매우 아름다워 보였다. 나도 이 다음에 어른이 되면 음악 선생님처럼 치마저고리를 입으리라 마음속으로 생각했다.

그리고 선생님은 영화 보신 이야기, 시 낭송한 성우들의 레코드판을 구입해서 수업시간에 들려주셨다. 〈라스트 콘서트〉 영화 내용을 이야기해 주셔서 TV로 그 영화를 몇 번인가 거듭해서 보았다. 그때마다 그렇게 우리들의 마음을 이해해주시던 음악 선생님이 오래도록 남는다. 형식적인 수업 방식을 탈피해서 음악책도 《세계 명가곡집》을 교과서로, 음악 통론을 이론 과목으로 가르쳐 주셨다. 1960년대 후반에 획기적인 수업방식이었다. 그래서인지 다른 학교 졸업생들보다. 가곡이나 명곡을 많이 알 수 있는 기회도 가졌다. 폭넓은 음악 수업을 받은 셈이다.

음악 선생님을 생각하며 〈록키의 봄〉으로 악보를 넘긴다. 이 곡은 캐나다 민요다. 록키로 가는 길은 2006년 캐나다 여행 때 다녀온 곳이다. 가는 길에 숲에서 궁둥이를 내밀고 서있던 검은 곰도 어렴풋이 생각난다. 그리고 록키로 가는 길은 산세가 건장한 남성의 골격처럼 생긴 바위산이다. 꽃과 식물들이 햇볕이 있는 신작로 가장자리에 모여 살고 있다. 야생화가 모두 햇볕이 잘 드는 양지에서 자생한다. 〈록키의 봄〉을 불러본다

새싹 트는 봄이 오면 나는 돌아가리라.
산과 들이 잠을 깨어 푸른 옷 갈아입고
물새들이 노래할 때 사랑하는 그대여
봄을 따라 그대 찾아 나는 돌아가리라.

몇 번이고 피아노 건반을 치며 불러 본다. 길 가장자리에 아련

히 앙증맞게 피었던 록키 가는 길의 들꽃이 지금도 눈에 잔잔히 어린다. 캐나다 그곳을 다녀온 것이 벌써 14년이 넘었다. 그렇게 세월은 차근차근 내 곁을 조금씩 떠나며 나이테를 늘린다.

우산 바구니

아침 홍덕사지 산책길에 비가 내린다. 가을을 재촉하는 비는 산속의 낙엽을 적신다. 산책 코스를 두 바퀴 돌고 굴참나무가 숲을 이룬 언덕배기로 발길을 옮긴다. 비에 젖은 수북한 낙엽들이 초췌하다. 얼마 전 기관에서 예초기로 잡풀을 모두 깎아 부엽토로 바뀐 낙엽이 드러난다. 발 빠른 사람들은 벌써 도토리를 채취하는지 여기저기 잎 달린 가지가 꺾여있다.

내리막길이다. 잠시 비탈길을 잊고 딴생각에 그만 미끄러졌다. 정신이 아찔했다. 돌이 없고 흙이 있는 비탈이라. 다행이다. 오른쪽 허벅지에 생채기가 생겼다. 주변에는 사람이 없어 창피는 면하였다. 일어나 흙을 털었으나 진흙이 바지 옆으로 잔뜩 묻어 축축하다. 개구쟁이 바지처럼 되었다. 흙이 묻은 바지를 보면서 100m쯤 지나 작은 장미터널 계단으로 발을 들여놓았다. 왼쪽 옆으로 눈길을 옮긴다. 좀 자란 참나무버섯이 보인다. 깜짝 놀랐다. 이런 야산에 버섯이 있다는 것이.

장미터널 옆 야산에는 어린 시절 고향 뒷산에서 땄던 버섯이 주변 잡풀 사이에 듬성듬성 여러 곳에 나 있다. 풀숲에 쪼그리고 앉아 보이는 대로 버섯을 땄다. 왼손바닥에 따서 올려놓으니 금세 가득했다. 더는 손바닥에 놓을 수가 없다. 담을 그릇도 없이 풀 위에 수북이 버섯을 모아 놓았다. 집으로 가져갈 일이 막막했다.

비는 부슬부슬 소리 없이 계속 내린다. 전화를 가져오지 않아 남편을 부를 수도 없고. 도저히 방법이 생각나지 않는다. 한참

궁리 끝에 가져간 하얀 비닐우산을 거꾸로 들어 그곳에 버섯을 담기로 했다. 우산 바구니, 그렇게 이름을 붙였다.

하얀 비닐우산 안에는 갈색 버섯들이 날 보고 웃는 듯했다. 소리 없이 내리는 아침 비를 맞으며 우산 손잡이를 거꾸로 잡고 집을 향했다. 산책 가는 사람들이 힐끔힐끔 들여다본다. 빗길에 우산 속에 버섯을 담아 걸어가는 내 모습이 무척이나 애처로워 보였나 보다. 한 지인은 우산 속에 무엇이 있는지 들여다본다. 비를 맞으며 걸어가는 자신이 우스웠다. 오른쪽 허벅지가 뻐근하여 발걸음이 불편했다. 신나게 버섯을 따던 마음을 비우니 비탈에서 넘어져 생채기 난 곳이 점점 아파왔다.

내가 딴 버섯은 어린 시절 졸깃졸깃하여 매우 맛있게 먹었던 버섯이다. 야산에 있는 버섯 중 제일 맛이 있단다. 비 내리는 늦여름부터 초가을에 돋아나는 버섯이다. 그렇게 비를 맞으며 넘어지고 아팠지만 오랜만에 본 버섯으로 고향에 온 기분이다. 60대가 아닌 10대로 돌아간 기분이다. 꿈에 그리던 고향, 가까이 있어도 아파트촌으로 변해버려 사라진 고향이 내 옆에 정겹게 다가온 것 같다.

사람이 살아가며 마지노선이 있게 마련이다. 그럴 땐 여러 방법으로 그 문제를 해결해 보려 머리를 쓴다. 우리 인생살이가 살다 보면 고달플 때가 한두 번만 있겠는가. 그렇지 않다. 한 고개를 넘으면 넓은 평지가 나타나고 그 평지를 지나다 보면 낭떠러지의 내리막도 있는 것이다. 이렇듯 살아가는 길은 삶이 다하는 날까지 반복되는 것이다. 우연히 딴 버섯을 우산에 담아 집으로 가져올 것을 누가 생각했단 말인가. 종아리가 가렵다. 여러 곳이 모기에 물린 것처럼 붉은 자국이 있다. 반바지 차림에 준비 없이 숲에 들어서 풀에 스친 것 같다.

모처럼 남편과 함께 내가 채취해온 버섯으로 맛있게 점심 준비를 한다. 추억이 보글보글 끓는다. 찌개 속의 버섯 냄새가 입맛을 돋운다.

봄까치 언덕을 그리며

도심 골짜기 여름 바람이 작은 언덕의 장미 울타리 사이로 시원하게 불어온다. 그 틈새로 노랗게 흔들리는 여름 코스모스, 골드 코스모스가 눈길을 끈다. 그때마다 그 꽃을 심어주신 분의 사랑의 손길을 느낀다.

유치원엔 울타리 주변으로 100여 미터 되는 언덕이 있었다.

봄이면 봄까치꽃이 겨울을 지낸 마른풀 더미 속에서 파란빛으로 앙증스럽게 핀다. 그 모습은 귀여운 유치원 아기들의 해맑은 얼굴처럼 마음을 사로잡는다.

봄까치 언덕은 겨울이 지나고 이른 봄이면 하늘빛의 봄까치 꽃이 많이 피기 때문에 내 나름대로 그렇게 부르고 싶었다. 그곳은 시골의 밭두둑을 생각나게 하고 언덕 아랫사람들이 다니는 작은 길도 정겨운 곳이다.

처음 그곳에 부임하였을 때 원사 주변에 나무가 많아서 마음이 풍요로웠다. 가끔씩 들리는 새소리와 나뭇가지 사이로 스치는 바람 소리, 자연의 소리가 귓가와 마음에 가득 차서 삶의 여유를 느낄 수 있었다.

그 언덕에 봄이면 어린 쑥이 연녹색으로 돋아나고 냉이며, 꽃다지, 제비꽃이 작은 꽃대를 올려 고향을 연출했다. 초록이 싱그러운 유월에 접어들며 노란 코스모스가 연두색 담장의 붉은 덩굴장미와 어울려 환상을 이룬다. 아기들은 그곳에서 꽃과 함께 이야기도 나누고 냄새도 맡으며 코스모스를 따서 머리에 꽂기도 한다.

도시 가운데 시골의 정취를 느낄 수 있는 유일한 곳이다. 그곳에서 노는 아기들이 꽃과 어우러져 한 폭의 살아 움직이는 그림이 된다. 그 모습이 꿈결처럼 아름답다.

원사에서 가까운 곳에 몸이 불편하신 할머니 한 분이 계셨다. 할머니는 시간만 있으면 유치원 주변에 꽃을 심어 주셨다. 여름에 핀 노란 코스모스도 다른 곳에서 몇 년 전에 분양해서 심으셨단다. 한해 두해가 지나고 언덕은 테마가 있는 언덕으로 바뀌고 있었다. 지금도 봄까치 언덕에는 골드 코스모스. 빼꾹채, 붉은 토끼풀, 노란 돌나물 꽃이 곱게 피어있겠지. 할머니의 고운 마음이 꽃 속에 녹아있어 삭막한 때에 봄 햇볕 같은 따스한 정을 느꼈던 곳이다.

지난날 아침 출근을 하여 원사를 돌아볼 때 울타리 가장자리에 노란 코스모스가 심겨 있었다. 직원들이 심은 것은 아니고 분명 할머니께서 심으신 것 같았다. 다음날 유치원에 폐휴지를 가지러 오셔서 여쭈어 보았더니 내 생각이 일치하였다.

팔십 대 중반이신 할머니는 불편한 몸을 추스르면서 유치원에 꽃 한 포기라도 심어 주시려 관심을 가지셨다. 정이 메마른 때라고 하지만 할머니 마음엔 타인을 배려하는 마음이 가득한 분이셨다. 할머니께서는 봄까치 언덕 아래 오래전에 난 작은 길을 임시로 내어주신 은혜에 보답하시는 것인지……. 이렇게 사랑을 베푸는 이웃이 옆에 있다는 것이 감사했다. 당시 직장인으로 매너리즘에 빠진 내게 신선한 충격을 주신 분이다

그때 유치원 아기들은 할머니 사랑으로 활짝 웃는 꽃 속에서 그 모습처럼 밝은 하루하루를 신나게 보내고 있었다. 한 사람의 관심이 얼마나 소중한 것인지 새삼 느끼며 지내던 시간들이었다. 슬픔은 나누면 작아지고 기쁨은 나누면 배가 된다고 한다. 그로 인해 140명의 유치원 식구들이 덥지만 즐거운 여름을 보냈던 기억이 풀꽃처럼 선명해진다.

노란 코스모스, 붉은 덩굴장미의 속삭임이 가득한 봄까치 언덕에서 노란 꽃물결의 맑은 산들바람을 생각한다. 아기들의 청아한 목소리와 함께.

이효순 수필집

그녀의 눈빛

인쇄 2020년 09월 25일
발행 2020년 09월 30일

지은이 이효순
발행인 서정환
펴낸곳 수필과비평사
주소 서울시 종로구 삼일대로 32길 36(익선동 30-6 운현신화타워) 305호
전화 (02) 3675-3885, (063) 275-4000 · 0484
팩스 (063) 274-3131
이메일 sina321@hanmail.net essay321@hanmail.net
출판등록 제300-2013-133호
인쇄 · 제본 신아출판사

ISBN 979-11-5933-289-0 03810

값 13,000**원**

이 도서의 국립중앙도서관 출판예정도서목록(CIP)은 서지정보유통지원시스템 홈페이지(http://seoji.nl.go.kr)와 국가자료공동목록시스템(http://www.nl.go.kr/kolisnet)에서 이용하실 수 있습니다.(CIP제어번호: CIP2020041614)

Printed in KOREA

* 이 책은 2020 충북문화재단 Chungbuk Cultural Foundation 의 지원으로 발간하였습니다.